July 20, 1931

TIME

The Weekly Newsmagazine

Keystone

NIKOLA TESLA*

All the world's his power house.

(See Science)

*From a portrait by Princess Lwoff-Parlaghy.

Volume XVIII

Number 3

Circulation Office, *330 East 22nd Street, Chicago.* (Reg. U. S. Pat. Off.) Editorial and Advertising Office, 135 East 42nd Street, New York.

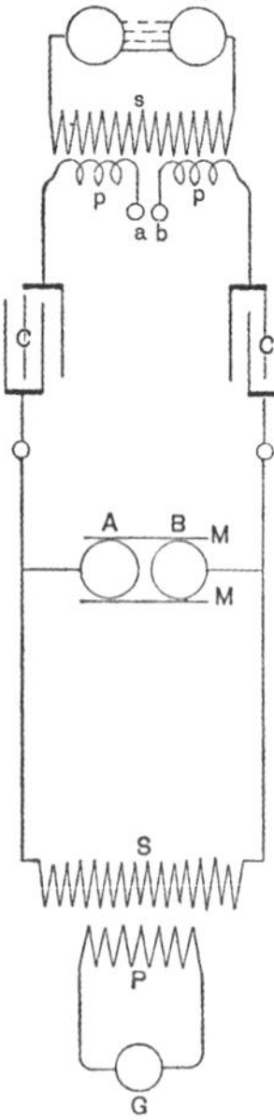
K
K
s
p
p
a b
C
C
A
B
M
M
S
P
G

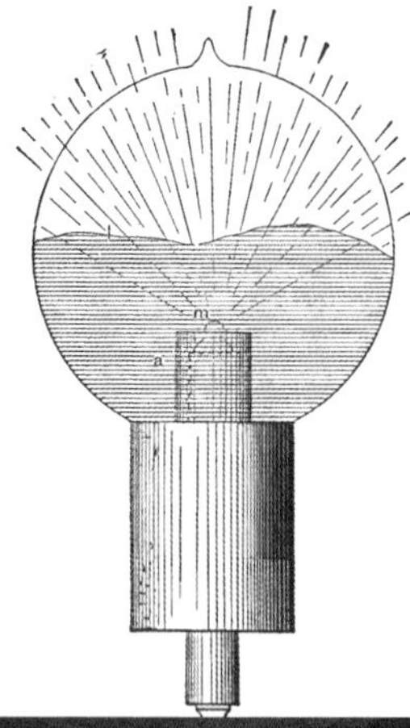

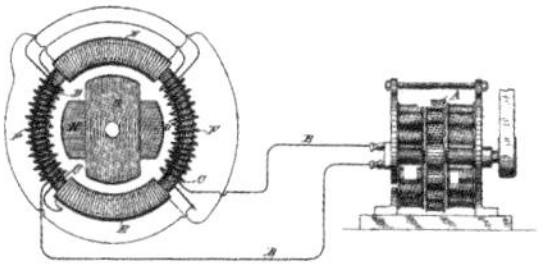

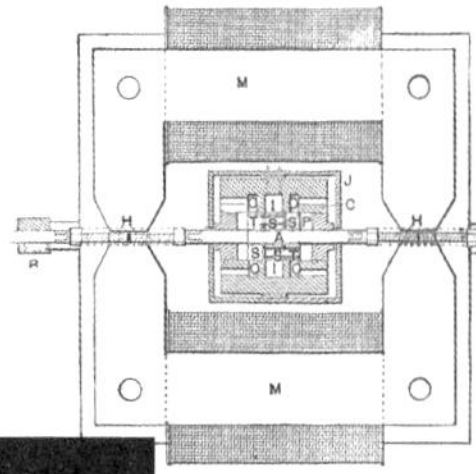
M
J
C
H
H
M

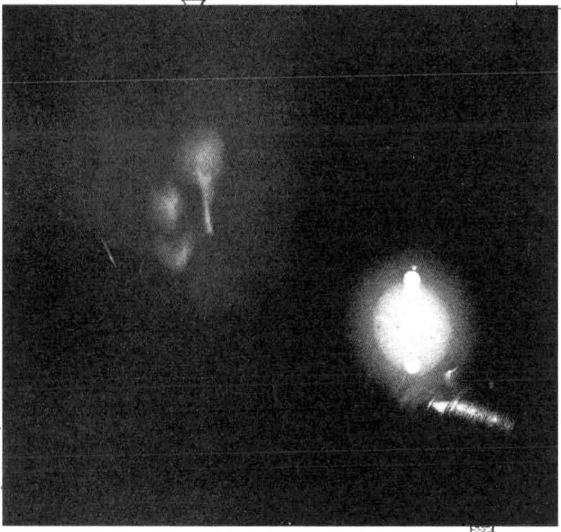

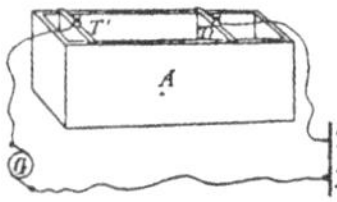
A
T
T

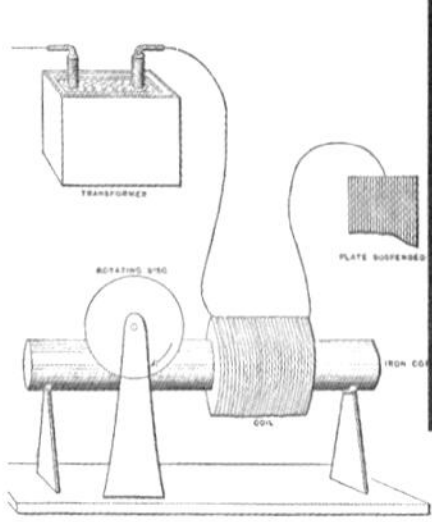
TRANSFORMER
PLATE SUSPENDED
ROTATING DISC
COIL

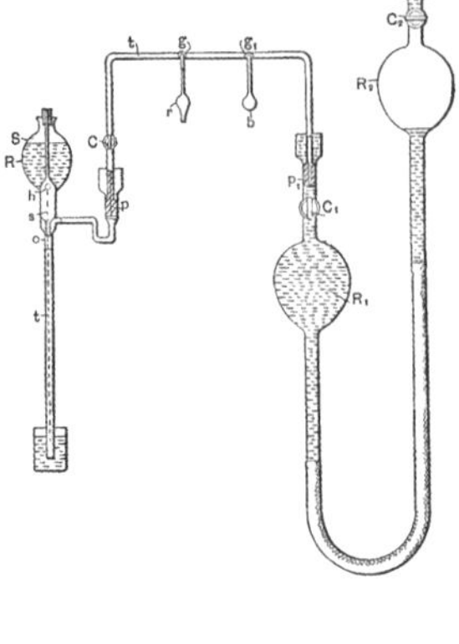

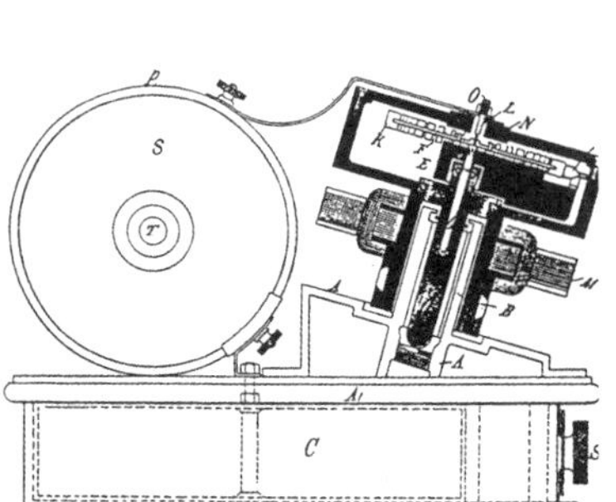
S
C

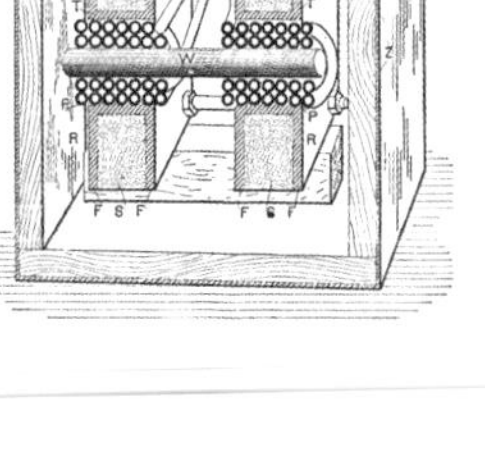

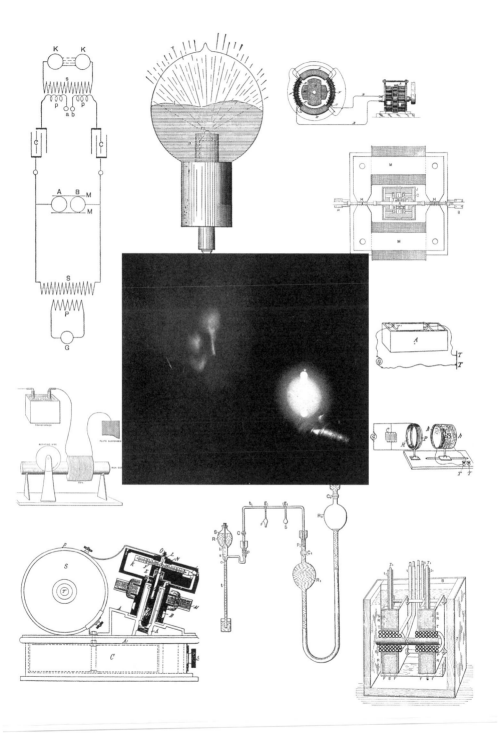

被消失的科學神人

特斯拉（親筆）自傳

（暢銷增訂版）

尼古拉・特斯拉（Nikola Tesla）／著
劉恩麗／譯

最猛職人.29

被消失的科學神人・特斯拉親筆自傳（暢銷增訂版）

原書書名 My Inventions
原書作者 尼古拉・特斯拉（Nikola Tesla）
圖　　片 The Tesla Collection（http://www.teslacollection.com/）
譯　　者 劉恩麗
特約編輯 胡琡珮
主　　編 高煜婷
總 編 輯 林許文二

出　　版 柿子文化事業有限公司
地　　址 11677臺北市羅斯福路五段158號2樓
業務專線（02）89314903#15
讀者專線（02）89314903#9
傳　　真（02）29319207
郵撥帳號 19822651柿子文化事業有限公司
投稿信箱 editor@persimmonbooks.com.tw
服務信箱 service@persimmonbooks.com.tw

業務行政 鄭淑娟、陳顯中

初版一刷 2019年1月
二版一刷 2024年8月
定　　價 新臺幣399元
I S B N 978-626-7408-65-0

國家圖書館出版品預行編目(CIP)資料

被消失的科學神人・特斯拉親筆自傳（暢銷增訂版）／尼古拉・特斯拉（Nikola Tesla）著；劉恩麗譯. -- 二版. -- 臺北市：柿子文化事業有限公司，2024.08
面；　公分. --（最猛職人；29）
譯自：My inventions
ISBN 978-626-7408-65-0（平裝）
1.CST:特斯拉（Tesla, Nikola，1856-1943） 2.CST:發明 3.CST:傳記

785.28　　113011055

柿子官網
60 秒看新世界

TESLA COIL
NIKOLA TESLA
GHANA
C1000

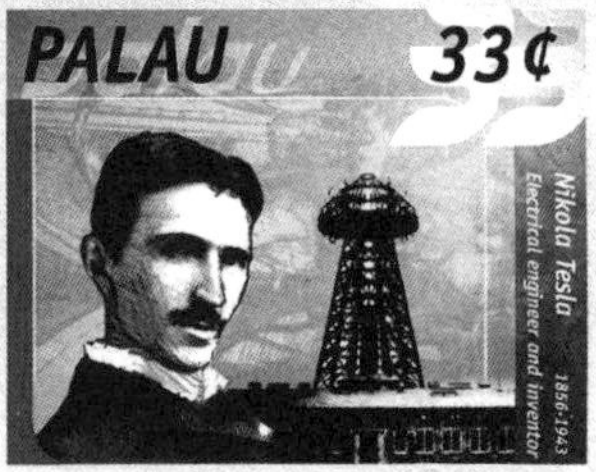
PALAU
33¢
Nikola Tesla
Electrical engineer and inventor
1856-1943

50
НИКОЛА ТЕСЛА
1856-1943
JUGOSLAVIJA

NIKOLA TESLA 1856-1943
10

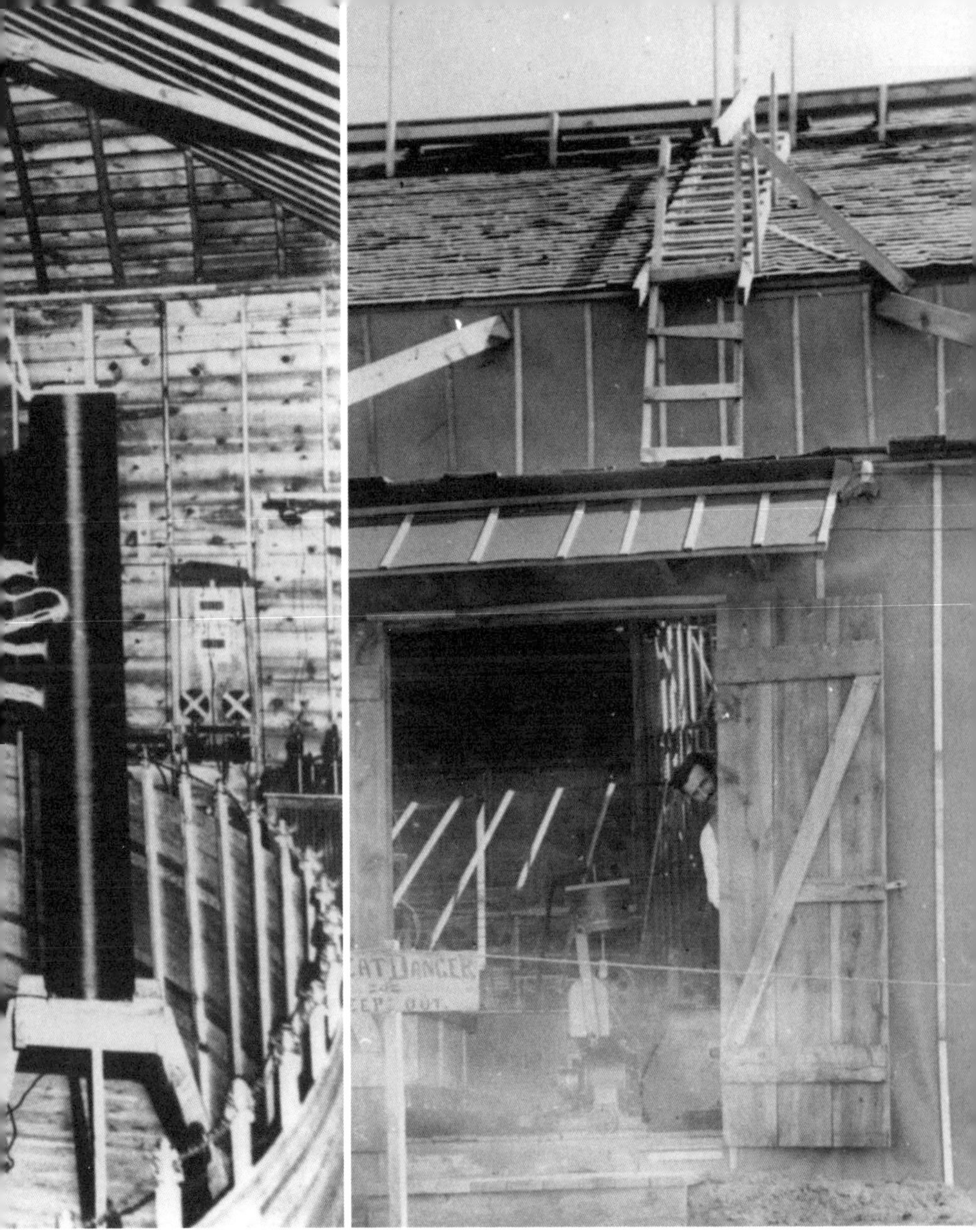

特斯拉在科羅拉多州的實驗室。

專文推薦

彌補特斯拉迷的遺憾

李嗣涔
臺大前校長
臺大電機系退休教授

大約在二十年前，我偶然在網路上看到特斯拉的英文自傳，就知道特斯拉在締造電力文明的豐功偉業中，依賴的是他的特異功能，因為我從一九九〇年代就開始研究手指識字與念力，很清楚知道他大腦具有兩種能力。

第一種是影像記憶的能力，看書時可以把每一頁文字像照相一樣照下來，儲存在大腦記憶庫裡，需要背誦哪一頁時，就可以從記憶庫裡抽出那一頁來，像一般照片那樣呈現在大腦視覺銀幕上，這樣他只要看著照片就能念出來了，而這種影像的出現，會讓他經驗到一陣陣靈感。我發現，現代的人經過速讀或觀想的訓練，也有很多人可以開發出這種影像視覺能力。

他也提到在小的時候常常會生病，這種所謂的生病是他眼前常常會出現強烈令人目盲的閃光，接著出現視覺影像，這些影像有時與剛剛想到的字或想法有關，有時候是他碰到之特殊問題的解答突然出現在影像上；他不知道這其實是大腦「天眼」打開了、是他天賦中最大的特異能力出現了，反而以為是自己生病了；有時候，他甚至可以聽到遠方的聲音；有時候，他只是聽到一項物品的名字，物品實際且詳細的結構就出現在影像中。

特斯拉更特殊的地方是，他可以把自己設計的新機器以鉅細靡遺的方式呈現在大腦銀幕上，再用意念讓機器轉動起來。如果運轉不順利，例如機器卡住了，表示設計有問題，他就再在大腦裡更改設計，直到運轉成功，才把機器結構畫出來，開模做成實體的機器，通常是一次就成功了。也因此，在他的實驗室日誌或手稿中，看不到他的儀器設計圖。他發明的多相交流馬達，就來自他天眼看到的旋轉磁場設計，這項發明配合交流發電機促成近代交流電力文明的興起，今天我們使用的各種電器、電子產品只要一插電就可以使用，得要歸功於特斯拉的這項發明。

特斯拉的這本自傳，於二〇一九年翻譯為中文出版，如今要再版，讓我有機會重新閱讀一遍。讓人覺得有趣的是，特斯拉自己具有心靈現象的巨大能力，但是他卻不相信超自然現象或其他心靈現象，比如他母親在家鄉過世的當天晚上，他做夢看到一群天使駕著雲通過，其中一位是他母親，然後被難以言喻的美妙天籟合唱聲所喚醒，後來證實他母親確實是當晚過世的，但是，他並不相信他母親死亡後來看他，而是找遍各種理由，企圖用科學方法來解釋為何會產生這樣的夢境，從此也批評心靈與靈性現象，認為是幻覺。

十九世紀末，特斯拉知道了德國的海因里希・赫茲（Henrich Hertz）發現電磁波以後，也對電磁波著了迷，開始做起了研究。不過，他走的方向與古列爾默・馬可尼（Guglielmo Marconi）不一樣，不是用在通訊，而是想用來傳播電能，也就是無線傳導電力。當時電力產業剛剛萌芽，一般家庭開始使用電器（如電燈、電話），若能成功，就不需要大量投資建置有形的電網基礎建設，進而讓使用電的各種新興產業得以降低成本，更容易推展。即使在今天一百多年後的二十一世紀所擁有的更新科技來講，這個概念依然是極具前瞻性的創意構想。試想，現代科技中行動裝置最大的瓶頸為何？就是電池不夠力，當隨身所攜帶的手機或電腦內電池沒有電時，這些裝置如同廢物，呼天不應，叫地不靈，所有資訊都被封鎖在裝置內，無法對外通訊，這時最需要的就是無線傳播電力的需求，可以直接替電池充電以解決困擾。

可惜的是，這問題一百多年來仍然不能解決，這其實也表示，特斯拉在沒有理論支持下，過早跳入一個需要百年以上才有希望解決的問題，自然會導致失敗的命運。本書第五章特斯拉描述了放大發射機發展的歷史過程，包括特斯拉線圈、放大發射機、無線系統及個別化系統來做無線能量傳輸的工具，很有參考的價值。

一般電力的傳送需要兩條導線，電壓一高一低，讓電流從高壓流往低壓，為了安全起見，現代的導線還加了一條接地的線，與電壓較低的導線連在一起，所以插座會有三隻腳，其中粗圓的一隻腳就是接地。特斯拉應該很早就知道地球可以導電，因此地面可以當作電的接地那一極，但是另外那一極該怎麼辦，是用電磁波送出嗎？他也知道電力要轉換為電磁波的效率並不高，很難做到大電力的輸送，因此，在不建造基礎電網設施之下，會需要以空氣作為通道，他的構想是，利用紫外光游離空氣分子在空氣中打開一條離子導電通道，用高壓放電把電能利用離子通道送出去而不需要用到一般的電線，並利用地面作為接地回流，他設想用的是低頻交流電——可以傳遞很長的距離。不過，由於要到他中老年以後，二十世紀兩個最偉大的理論——包括一九一五年的廣義相對論及一九二〇年代的量子力學——才相繼建立，他已經時不我予，無法理解這些新的理論並應用到他所發現的現象。

然而，現在已經是二十一世紀了，距離特斯拉當年的發現已經超過一百餘年，科學上已經有很大的進步，有些當時感覺神祕的現象，現在已經可以用科學來解釋了，因此，我嘗試在我的書《撓場的科學》中，用近百年的科學——尤其是廣義相對論中撓場的發現與物理性質——來解釋特斯拉當年沒有說也無法說的理論。

至於本書，是特斯拉描述自己發明的第一手資料，應該能彌補特斯拉迷過去對特斯拉生平不大清楚的遺憾。

目錄

特斯拉和西屋

尼加拉發電站特斯拉像

沃登克里弗塔

編輯序

你應該要認識尼古拉・特斯拉的理由

提到尼古拉・特斯拉，有人說他是二十世紀最偉大的電機工程師，有人說他是被世人遺忘的天才——曾幾何時，美國連三歲小孩都知道愛迪生的大名，但是卻沒有人知道特斯拉這號人物。之後，隨著時間的推進，開始有人對這位神祕又傳奇的科學家愈來愈好奇，而隨著「特斯拉」成為測量磁場通量密度的國際單位、特斯拉汽車（Tesla Motors）以他的名字命名，以及幾部電影中這位科學家的身影，他開始駐留在大眾的眼中，然後我們察覺，我們的生活更是離不開這位科學家的許多偉大發現和發明。

*發明「旋轉磁場」：這是許多交流電電器的基礎，包括發電機、變壓器和馬達。

*愛迪生發明直流電後不久，特斯拉就提倡了交流電並製造出世界上「第一臺交流電發電機」：交流電後來取代了直流電，成為現今電力發展的基礎，最令人佩服的

是，特斯拉最後撕毀了交流電專利的合約，無私地放棄交流電的版稅，開放社會使用交流電，所以現今的我們才有一個既方便又便宜的用電生活——特斯拉可說是名副其實的「電氣時代之父」。

＊發明「感應電動機」：也就是「交流電感應馬達」，被認為既經久耐用又好維護，而且成本低廉，典型應用是電風扇、壓縮機、冷氣機等。

＊發明「特斯拉線圈」（Tesla Coil）：這是特斯拉一生中最偉大的發明，他使用了兩個線圈，一個初級線圈和一個感應線圈，兩個線圈各自有獨立的電容器。特斯拉線圈能夠生產出高頻又低電流的高壓交流電，這種高頻電流可以透過空氣遠距離的「無線傳電」，而且對人體沒有不良影響——特斯拉自己就曾公開展示，讓特斯拉線圈輸出的高頻電流流經自己的身體。特斯拉線圈是以無線電為城市供電的重要基礎，廣泛被用於廣播、電視和其他電子設備的高壓感應線圈。愛因斯坦曾誇獎特斯拉是「高頻電流領域的傑出先鋒」。

＊發明「放大發射機」（magnifying transmitter）：特斯拉先是發現高頻電流現象，

然後在十五年的深究下，理解到適當的組裝電路能將電流訊號放大，並增加其頻率及電壓，他據此概念建造了一個巨大的「放大發射機」（現稱「大功率高頻傳輸線共振變壓器」），這是特斯拉當時所製造出的規模與能量最大的特斯拉線圈。

***打造「全球第一座交流電水力發電廠」**：一八九六年美國尼加拉發電站正式啟動，也是第一座高達十萬匹馬力的發電站，至今仍是世界著名水電站之一，被譽為人類近百年科學史上的一大標記。特斯拉為其製造發電機組，建蓋這座水電廠所採用的十二項專利，有九項就來自特斯拉自己的發明。

***無線通訊之父——電機工程學的先驅，製造了「第一臺無線電發射機」，奠定了無線通信和無線電的基石**：雖然世人公認古列爾莫・馬可尼是無線電的發明者，他在一八九四年五月十日成功發送出距離一・二公里的無線電，之後並成功打造出首座完整的電報商業系統，對海洋通訊和軍事行動都有極大的貢獻，更於一九〇九年受頒諾貝爾物理學獎，但早在一八九三年時，特斯拉就已展示了無線電通信的運作原理，並在一八九七年獲得了無線電技術的專利，但後來因為愛迪生的干預，美國專

利局撤銷其專利權，一直到一九四三年，美國最高法院又重新認定特斯拉的專利有效，並宣布馬可尼無線電專利無效。

＊發明「X光攝影技術」：美國文豪馬克・吐溫（Mark Twain）和特斯拉是好朋友。繼某一次馬克・吐溫在參觀特斯拉實驗室時在白熾燈下拍攝照片後，特斯拉於一八九五年某一天再度邀他來實驗室，用克魯克放電管（Crookes tube）照射的光拍攝照片。幾周後德國科學家威廉・倫琴（Wilhelm Röntgen）發現「X光線」，正是由克魯克放電管照射的原理形成。

＊發明「無線電遠程搖控技術」：一八九八年，特斯拉展示了可遠程操控的模型船，利用無線電波來操作螺旋槳和燈光，如今遠程控制的理念已被人們廣泛應用。

＊「雷達的原型」來自特斯拉：一九一七年特斯拉建議政府用無線電波來探測魚雷艇，但被愛迪生否定了，之後又過了差不多二十年，雷達才問世，而發展法國第一個雷達系統的工程師愛彌爾・吉拉多（Émile Girardeau）也表示：「我是依照特斯拉提供的原理去設計的。」

▍馬克·吐溫（前）在特斯拉（後）的實驗室，攝於1894年，照片出自《世紀》雜誌。

＊「**電動車」概念雛型**：美國著名的純電動車廠特斯拉汽車為了向特斯拉致敬，特地將公司命名為「特斯拉汽車」。事實上，特斯拉汽車所生產的第一臺純電動車Roaster，就是根據當年特斯拉的電動車概念所設計的。

＊**改良「霓虹光管」**：螢光燈和霓虹燈不是特斯拉發明的，但他成功地駕馭並改良了燈泡。早在進入工業生產的四十年前，他就已經在實驗中設計出霓虹燈，並於一八九三年芝加哥博覽會的個人展覽上使用霓虹燈招牌。

＊「**特斯拉」成了測量磁場感應之國際單位**：一九六〇年，國際度量衡大會通過決議，將磁場感應單位法定度量衡命名為「特斯拉」，成為第十五位躋身全球最偉大科學巨人行列的科學家（就像電流單位「安培」、電容單位「法拉第」、電壓單位「伏特」等等）。一特斯拉＝一萬高斯（G）＝一千萬毫高斯（mG），是極大的磁場單位。

前言

課本裡沒教的天才科學家——我認識特斯拉的回憶錄

邱韻如
臺灣師範大學物理博士
長庚大學通識教育中心副教授

本書的編輯請我寫一篇特斯拉小傳，我想，在短短字數限制內，要來介紹特斯拉談何容易。隨著馬斯克和特斯拉電動車愈來愈有名，「特斯拉」這三個字已幾乎家喻戶曉，愈來愈多人透過各個管道認識特斯拉這一位傳奇人物。我想，就寫一段我認識特斯拉的回憶錄，來呼應這本特斯拉的回憶錄。

一八九八年，特斯拉就提出自動車的構想。二〇〇三年，兩位創始人將他們的公司命名為「特斯拉汽車」，就是為了紀念特斯拉，並逐步實現特斯拉的構想。

直流與交流

大約二〇〇〇年左右，讀到《靜電場中的動電性——電學的故事》這本小書，談到交流電與直流電的戰爭。故事從一八八四年特斯拉離開巴黎愛迪生公司前往紐約與他的偶像愛迪生見面講起，這是我第一次知道特斯拉這位傳奇性人物，當時對於愛迪生的壞，感到非常的震撼與受傷。愛迪生是大家心目中的勵志人物及偉大發明家，他竟然不惜才，還在特斯拉孜孜不倦提出對該公司發電機的各種改良後，把說好的獎金當成美式幽默一筆勾消，之後更對交流電發動一連串無情的攻擊。

二〇〇三年初版的《毒舌頭與夢想家》，第四章的〈電死方休〉從一八九〇年八月死刑犯克瑞姆坐上電椅為開場，生動描述這個首次以電椅執行死刑的緣由及當時場景，介紹愛迪生人馬宣稱交流電比直流電危險許多的種種卑劣手段。在此之前，為了抨擊交流電，愛迪生的擁護者哈羅德・布朗（Harold Brown）進行幾百次用交流電電死動物的實驗，以及許多慘不忍睹的公開演示。

二〇〇六年電影《頂尖對決》上映，我一看電影就知道雖然演的是兩個魔術師的對決，但其實還隱含了愛迪生與特斯拉的爭鋒相對。這一年正是特斯拉誕生一百五十週年，電影選在此時上映，以向特斯拉致敬。電影把與特斯拉有關的元素都演出來了（電影在傳播上比書籍文字更讓人印象深刻，但是電影裡的史實往往不夠確實，僅能做為參考及引起動機，不能全信以為真），包括——

(1)電力博覽會展示特斯拉線圈
(2)在科羅拉多泉鎮（Colorado Springs）的實驗及實驗室
(3)特斯拉從人造閃電中帥氣出場及手握燈泡就會發亮
(4)實驗室被大火燒毀
(5)他最著名的沃登克里弗塔（Wardenclyff Tower）

在此之後，每次教到直流電與交流電的時候，電影《頂尖對決》、《毒舌頭與夢想家》的〈電死方休〉、電影《綠色奇蹟》裡的執行電椅死刑都是我的教學素材。

二〇一〇年，參訪上海世博會後，我對歷屆世博會產生了興趣，做了一些整理，特別注意到愛迪生在連續好幾屆世博會中的展示，尤其是愛迪生和特斯拉在一八八九年巴黎世博會和一八九三年芝加哥世博會的前後較勁，以及博覽會後特斯拉和喬治・西屋（George Westinghouse）在尼加拉瀑布發電站的大成功。

愛迪生在一八八九年巴黎博覽會風光萬分，他的電燈泡及留聲機讓世人驚艷，特斯拉也參加了這場博覽會，認識許多電學專家；至於一八九三年特斯拉所參加、在芝加哥舉辦的世博會，則是慶祝哥倫布發現新大陸四百週年，西屋公司的燈泡及發電機讓每一個夜晚如同白晝，電力的展示精彩無比，更勝於巴黎博覽會。

二〇一六年暑假，一位高中物理教師（我的好友）在黑山共和國（Montenegro，音譯蒙特內哥羅）首都波德戈里察（Podgorica）的一間教堂前拍到特斯拉雕像，以及一張特斯拉一百六十週年的海報。我們都很訝異，為何特斯拉會出現在這兒？

為了釐清特斯拉和黑山這個國家的關係，我花費了許多時間尋找答案，得知特斯拉在芝加哥世博會大放異彩之後，在紐約以詩會友，寫了一篇介紹塞爾維亞詩人的文章，並將詩人頌讚黑山英雄的詩翻譯成英文（邱韻如：特斯拉以詩會友，《科學月刊》，四十七卷第九期，二〇〇六年，頁六四六～六四七）。讓特斯拉開心的是，初中時崇拜的偶像幽默大師馬克・吐溫和他成為了好朋友，馬克・吐溫參訪特斯拉實驗室後，還留下一張玩電的照片。

隨著認識特斯拉愈深，我也在網路上找到世界各地的特斯拉雕像，發現除了在尼加拉瀑布之外，在紐約街頭、塞爾維亞、克羅埃西亞及他的出生地，也都有向特斯拉致敬的雕像。

尼加拉瀑布的美國端和加拿大端，都各有一座雕像。美國端這一邊的是一九七六年南斯拉夫送給紐約州的，以紀念這位偉大工程師。

近幾年來，特斯拉之於大眾，從沒沒無聞到聲名鵲起，各種紀錄片紛紛上網。他的故事比愛迪生更為傳奇，是電影及小說的絕佳題材。二〇一八年初，得知電影《電流大戰》即將上映，以及書籍《光之帝國》中文版出版，我不斷向學生宣傳這一訊息，鼓勵他們在電影上映前把書讀完。沒想到電影因故遲未能上映，真是好生失望。四月，Discovery頻道播出「死亡射線：特斯拉死因大調查」，把特斯拉這位傳奇人物帶向更神祕的高潮。

一直以來，我所讀到的都是別人描述特斯拉的二手資料，早年讀的是中文資料，重點在於愛迪生對特斯拉的卑劣手段。查詢特斯拉與黑山關係時，則爬梳了許多英文網站資料，知道特斯拉的文采及其與文人的來往，但我仍不知道有這本自傳，更不知道特斯拉自小就博覽群集，精通十幾種語言。有幸能搶先讀到這本特斯拉在六十四歲時寫的自傳，讓我對這位天才有更多及重新的認識。

天才與努力

小時候，愛迪生給我們的印象就是發明大王，他小時候刻苦好學、積極向上的精神非常鼓舞人心。特斯拉跳出歷史後，我們才漸漸認識到愛迪生不為人知的一面，尤其是他對特斯拉的不仁不義。一開始，我也很生氣，他怎麼這麼壞心，但隨著對特斯拉的了解，我也開始閱讀一些與愛迪生有關的資料，看到愛迪生的努力與貢獻，以及他們倆的許多共同點，包括童年的頑皮闖禍、源源不斷的創造力與實踐力、孜孜不倦的工作、事業發展過程的受挫失敗等等。時勢造英雄，伯樂識千里馬，當時愛迪生如果識得特斯拉這匹千里馬而予以重用的話，這段歷史的面貌就截然不同了。

愛迪生從小著迷於電報，他的各種發明是「人」等級，改善、提升世人的生活品質。特斯拉從小著迷於電動機，則被譽為是「神」等級，他不斷把自己腦袋裡天馬行空的想法付諸實現——就像李奧納多・達文西（Leonardo da Vinci）一樣，特斯拉可說是超越時代的天才及巧手，卻難以被當代人所接受。我們現在使用無線網路，可以無遠弗屆地傳輸各種資訊，以及無人駕駛的自駕車……，都是他當年的構想，至於無線傳輸電能，還等待實現。

讀特斯拉這本自傳，我以為他會大肆批評或抱怨愛迪生，結果沒有，只有淡淡帶過兩度被「愛迪生電力公司」欺騙的過往。一八九五年的實驗室大火，他也輕描淡寫。自傳中主要描述的是他頑皮的童年，不斷在他腦海中閃過的各種畫面，以及這些畫面後來的付諸實現。特斯拉在寫這本傳記的兩年前（六十二歲，一九一七年）獲得美國電機工程師學會頒贈的「愛迪生動章」，這是工程界的殊榮，我很好奇當時特斯拉接受動章時心裡的感受。

溫故與知新

為了寫這段認識特斯拉的回顧，我把過去讀過的幾本特斯拉書籍以及愛迪生傳記再重新讀過一遍，在溫故知新中，看到許多過去「有看沒有到」和「讀過卻忘記」的事蹟，以及許多歷史片段之間的關連，為了確定一些史實，查到網路上更多與特斯拉有關的資料與書籍，在時空背景對照下，又有許多新的發現，僅茲舉五例：

(1) 一八八四年六月，特斯拉前往紐約，與心目中的偶像愛迪生見面並在他的公司工作，這時愛迪生的夫人重病中，並於八月撒手人寰，留下三個年幼的孩子。一八八五年春天，特斯拉因說好的獎金出爾反爾而離開愛迪生公司，此時喬治·西屋剛在匹茲堡站穩腳步，以顧拉德與吉布斯（Gaulard & Gibbs）的交流電系統取代直流電，他的電力事業版圖逐漸茁壯，成為愛迪生的競爭對手。

(2) 一八八八年二月，愛迪生撰文攻擊西屋的交流電，電流大戰正式開打。愛迪生的擁護者布朗跳出來抨擊交流電，在整個下半年，進行非常多次殘忍的動物實驗，大肆宣傳交流電的危險，並設計用交流電製作行刑電椅。愛迪生提供他剛購置位於西奧蘭治（West Orange）的實驗室（距離紐約三十五公里，購置於一八八八年，目前這裡是愛迪生博物館）及他的首席工程師，協助布朗進行實驗。電流大戰打得火熱的這兩年，在匹茲堡的西屋偶爾撰文回擊，特斯拉並未直接上火線。五月，特斯拉受美國電機工程師學會（American Insititute of Electrial Engineers）主席馬丁（T. C. Martin，《電學世界》雜誌社編輯，也是美國電機工程師學會的主席，曾與愛迪生共事。他非常欣賞特斯拉這顆燦爛明星，還幫特斯拉寫了一本傳記，一八九三年出版）之邀在哥倫比亞大學做了一場精彩演講，介紹交流馬達。演講後，西屋才聽聞特斯拉這號人物，買下特斯拉電力公司的專利。七月，特斯拉前往匹茲堡擔任西屋公司的顧問，因對頻率的選擇理念不合處處掣肘，於一八八九年秋天離開匹茲堡回到紐約，合作僅有一年。

(3) 一八九〇年電椅執行死刑之後，愛迪生已開始淡出電力產業。一八九一年，財務面臨困難的西屋拜訪特斯拉，請求他放棄專利的權利金，並在隔年爭取到芝加哥博覽會的電力合約。博覽會後，尼加拉瀑布電力公司選擇西屋和特斯拉的交流系統，從此特斯拉與愛迪生在不同領域各擅勝場。

(4) 位於紐約第五大道的特斯拉實驗室於一八九五年三月十三日被大火燒毀，雪中送炭提供他災後短暫應急的處所，竟然是愛迪生的西奧蘭治實驗室，這是當年布朗用交流電電動物的場所，然後這個實驗室也於一九一四年被大火燒盡。

(5) 二〇〇六年，有許多地方都在慶祝特斯拉一百五十週年，包括特斯拉的出生地斯米連村（Smiljan，現在屬於克羅埃西亞）成立特斯拉博物館。當年我在臺灣沒有看到與特斯拉一百五十週年相關的訊息，雖然有電影《頂尖對決》上映，但絕大多數人在看過電影後還是沒意識到特斯拉是位真實的人物。

特斯拉和愛迪生都對各種知識如飢似渴，同樣讀遍了圖書館的書。回憶這段我認識特斯拉的經過，我想說的其實是「閱讀」。小時候，我們都把課本講的內容當作圭臬，從不質疑，也少再閱讀補充資料。從我第一次聽到特斯拉這位人物到現在，算算也有十八年了，我原以為自己對特斯拉的認識已經很多了，其實不然，短篇資料只能看到片面的事情，在重複閱讀及撰稿中才發現更多延伸資料，更清楚明瞭箇中意義及相關時空背景。學海無涯，許多知識及事實都早已存在於各種書籍及網路上，只有關心的人才能看到。讀萬卷書，行萬里路，我個人希望能有機會規劃及實現特斯拉之旅，走訪美國的紐約第五大道、長島的沃登克里弗塔所在地、科羅拉多泉市、西奧蘭治愛迪生博物館、尼加拉瀑布的特斯拉雕像等等，以及到他待過的布達佩斯、巴黎、布拉格，甚至到他的故鄉及就讀過的學校，尋訪這位天才科學家的足跡。

Chapter 1

閃光、幻影交織的童年生活

我的心靈旅行一直持續到十七歲左右，心智活動開始轉向發明。因為我注意到，我可以輕而易舉地在腦海中把構思具象化，不需要藉助模型、畫圖或實驗，就能在心中具體描摹出它們實際的樣貌……

人類文明的進步與發展，關鍵在發明。發明是人類大腦最重要的創意結晶！發明的終極目的是：我們最終能夠完全掌控心智的運作以駕馭物質世界，進而充分善用大自然的力量來滿足人類需求。對於經常受到誤解而得不到回報的發明家來說，這是一項艱巨挑戰。但是，他們也會從中獲得巨大補償：一方面能夠享受過程中盡情揮灑、釋放自己創造力的愉悅，另一方面是獲悉自己已躋身於一個卓爾不凡的特權階級後所經歷到的至大滿足，因為如果沒有他們的貢獻，人類在與大自然的殘酷無情爭戰中早就滅絕了。

至於我呢，全然享受在這種美妙的愉悅滿足中，所感受到的快樂遠甚於此，我的人生有許多年持續沉浸在無比的狂喜中。在工作上，我是公認的超級拚命三郎，鮮有人能匹敵——如果思考也算是勞動的話，我或許真是如此吧！因為我只要醒著，幾乎都在思考。反之，如果工作的定義是遵守一個嚴格的規定，要在特定時間內有具體的工作表現，那我肯定是最懶惰的人了。凡是出於被迫的工作或行動，勢必會啃蝕一個人的生命活力，而我從未付出這樣的代價，思考反而讓我愈活愈有勁。

My Inventions

By Nikola Tesla

1. MY EARLY LIFE

THE progressive development of man is vitally dependent on invention. It is the most important product of his creative brain. Its ultimate purpose is the complete mastery of mind over the material world, the harnessing of the forces of nature to human needs. This is the difficult sk of the inventor who is often misunderstood and unrewarded. ut he finds ample compensation in the easing exercises of his powers and in e knowledge of being one of that ex-ptionally privileged class without whom e race would have long ago perished in e bitter struggle against pitiless ele-ents.

Speaking for myself, I have already ad more than my full measure of this xquisite enjoyment, so much that for any years my life was little short of ontinuous rapture. I am credited with eing one of the hardest workers and erhaps I am, if thought is the equivalent f labor, for I have devoted to it almost ll of my waking hours. But if work is iterpreted to be a definite performance in specified time according to a rigid rule, ien I may be the worst of idlers. Every ffort under compulsion demands a sacri-ice of life-energy. I never paid such a rice. On the contrary, I have thrived on iy thoughts.

In attempting to give a connected and aithful account of my activities in this eries of articles which will be presented vith the assistance of the Editors of the ELECTRICAL EXPERIMENTER and are chiefly ddrest to our young men readers, I must dwell, however reluctantly, on the impressions of my youth and the circumstances and events which have been instrumental in determining my career.

Nikola Tesla at the Age of 23.
From An Unpublished Photograph.

Our first endeavors are purely instinctive, promptings of an imagination vivid and undisciplined. As we grow older reason asserts itself and we become more and more systematic and designing. But those early impulses, tho not immediately productive, are of the greatest moment and may shape our very destinies. Indeed, I feel now that had I understood and cultivated instead of suppressing them, I would have added substantial value to my bequest to the world. But not until I had attained manhood did I realize that I was an inventor.

This was due to a number of causes. In the first place I had a brother who was gifted to an extraordinary degree—one of those rare phenomena of mentality which biological investigation has failed to explain. His premature death left my parents disconsolate. We owned a horse which had been presented to us by a dear friend. It was a magnificent animal of Arabian breed, possest of almost human intelligence, and was cared for and petted by the whole family, having on one occasion saved my father's life under remarkable circumstances. My father had been called one winter night to perform an urgent duty and while crossing the mountains, infested by wolves, the horse became frightened and ran away, throwing him violently to the ground. It arrived home bleeding and

Mr. Tesla at the Age of 29.

HOW does the world's greatest inventor invent? How does he carry out an invention? What sort of mentality has Nikola Tesla? Was his early life as commonplace as most of ours? What was the early training of one of the World's Chosen? These, and many other very interesting questions are answered in an incomparable manner by Nikola Tesla himself in this, his first article.

In his autobiography, treating mainly on his early youth, we obtain a good insight into the wonderful life this man has led. It reads like a fairy tale, which has the advantage of being true. For Tesla is no common mortal. He has led a charmed life—struck down by the pest, the cholera and what not—given up by doctors at least three times as dead—we find him at sixty, younger than ever. But—read his own words. You have never read the like before.

—Editor.

Mr. Tesla at the Age of 39.

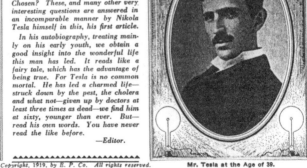

在《電氣實驗者》（*Electrical Experimenter*）期刊編輯群的鼎力襄助下，這一系列文章得以與年輕讀者見面（本自傳最初於一九一九年刊載於該雜誌）。為了能將我的人生經歷忠實地表諸於文字、前後連貫，即使再怎麼不情願，我還是決定寫下記憶中的兒時印象，以及其他對我的職涯發展產生決定性影響的環境與事件。

早夭的天才兄長

在人生少不更事的懵懂孩子階段，我們純粹出於本能展開嘗試和探索，在完全不受拘束的活潑想像力驅策下行動。隨著年歲漸長，理性掌控了我們，我們變得愈來愈有條理和計畫導向。那些出於孩子本能的靈感雖然不會立即開花結果，卻是人生中的吉光片羽，甚至會塑造、引領我們日後的命運發展。這讓我體認到，如果我當時不去壓抑它們，而是仔細釐清它們的價值之後加以發展改進，那麼我將會留給世人更好、

▍23歲、29歲、39歲的特斯拉。

更有價值的發明資產。只不過，一直要到成年之後，我才明白自己從小骨子裡就是一個發明家。

箇中原因說來話長。

首先，我有一個天賦異稟的哥哥，他擁有世上罕見的超凡心智，連從生理機制都探究不出個所以然，他的早夭讓我的父母哀慟逾恆。

話說我們家有一匹馬，是一位家庭好友饋贈的禮物，這匹出色健碩的阿拉伯品種駿馬，擁有媲美人類的聰明靈性，牠在一次重大意外事故中救了我父親一命，所以備受我們全家的寵愛與呵護。我的父親在某個寒冬夜晚接到緊急任務通知，於是騎著牠出門訪查，途經山區時，出沒的狼群驚嚇到了牠，導致父親墜馬重摔在地，牠見狀即刻調頭狂奔。到家時，牠已經傷痕累累、精疲力竭，但在向我們示意了噩耗後，旋即馬不停蹄匆匆離去，回到出事現場將父親平安帶回。在返家途中見到搜救隊伍之前，我父親已經恢復意識，重新登上座騎，但卻完全不記得自己倒臥在雪地上昏睡了好幾個小時。

然而，這匹馬也是造成哥哥傷重不治的禍首，我親眼目睹這場悲劇的發生，雖然已事過境遷五十六年，當天的情景始終烙印在我的腦海，絲毫未曾褪色。記憶中哥哥的天才是如此非凡，相較之下，我的所有努力都顯得黯然失色。

我所做的任何值得稱道、嘉許的事情，只會加劇父母親失去愛子的痛苦，以至於我在成長過程中始終缺乏自信。但是，絕對沒有人會說我是一個笨小孩，從一件至今我仍記憶鮮明的小插曲就能看出端倪。

有一天，我和其他男孩在附近街道玩耍的時候，一群市政委員正好經過。在這群可敬的紳士中，一位年紀最長的有錢市委停下腳步，給了我們每個人一枚銀幣。他朝我走來，突然停在我面前命令說：「看著我的眼睛。」我抬眼與他四目相交，就在我伸出手準備從他那兒拿到貴重的銀幣時，卻聽到他說：「不行，銀幣不夠。你不能從我這裡得到任何東西，你太聰明了。」那真的使我感到滿心沮喪。

家人們也常常拿一件趣事來調侃我——我有兩個老阿姨，臉上滿是皺紋，其中一個阿姨有兩顆暴牙，每次當她把嘴湊往我的臉頰猛親的時候，感覺就像是象牙在臉上摩娑。只要想到會被這些慈愛、但長相抱歉的親戚又擁又抱，就讓我起雞皮疙瘩。我記得有一次媽媽抱著我，兩位阿姨問我她們倆誰比較漂亮，仔細審視她們的臉後，我思前想後做出了選擇，指著一個阿姨說：「這個，她不像另外一個那麼醜。」

父親的緊箍咒

從我出生的那一刻起，父母就期望我能克紹箕裘，接棒父親成為牧師，這件事一直如影隨形跟著我，成了我的緊箍咒。我渴望成為一名工程師，但是父親絲毫不肯讓步。他是軍官之後，我的祖父曾在拿破崙治下的軍隊服役，我的叔叔是一所著名大學的數學教授，兄弟倆曾接受軍事教育，但出人意表的是，父親後來接受呼召成為一名牧師，而且成就非凡。我的父親非常博學，是名副其實的天生哲學家、詩人與作家，他的講道據說堪與亞伯拉罕・聖塔克拉拉（Abraham a Sancta-Clara，一六四四年～一七〇九年，維也納巴洛克時期最傑出的傳教士，曾任宮廷牧師，講道口若懸河、妙語如珠）媲美，熱情洋溢，激勵人心。他的記憶力驚人，經常滔滔不絕地用幾種不同的外語大量引經據典。他常打趣說，萬一有些經典佚失不見了，他可以完整地背誦出來，重現失落的經典。他的寫作風格廣受好評，筆鋒簡短精練，融合了機智、詼諧與諷刺。他的幽默獨樹一幟、自成一格，我可以舉一、二個例子來說明。

我的父親有個雇傭曼尼，受僱在農場幫忙，他有一雙鬥雞眼。有一天，曼尼正在劈柴，父親就站在旁邊看著他揮動斧頭，因為感到非常不安而出聲警告他：「曼尼，看在上帝的份上，千萬不要劈你看到的東西，只要把斧頭好好對準你要劈的東西劈下去就對了。」還有一次，他跟一位朋友駕著馬車兜風，對方沒有注意到自己昂貴的皮大衣摩擦到車輪，爸爸提醒他：「拉緊你的大衣，我的車輪都要給磨壞了。」他有個古怪的自言自語習慣，經常一人飾多角展開熱烈的談話，沉浸於激昂的辯論中，大玩變音獨角戲。如果有人恰好從附近經過，耳尖地聽到房間內的動靜，說不定會信誓旦旦說，有好幾個人在裡面激辯較勁。

我的發明家母親

我必須要說，雖然母親在啟發我的創造力和發明才能上，功不可沒。但是父親對我的訓練也讓我受惠良多，他所用的方式包羅萬象，舉凡互相猜測對方的心思、找出一些事物或表達方式的缺失、重複背誦長句，還有心算練習等等，不一而足。這些日常練習的目的是為了強化記憶力、理解力，特別是批判力，這些訓練對我裨益良多，這是無庸置疑的。

我的母親出身於塞爾維亞最古老的家族，是個發明世家。她的父親和祖父發明了許多家庭及農業用工具，當然還有其他工具。

母親是一名了不起的女性，擁有非凡的技藝、勇氣與堅毅，她勇敢面對生命的風暴，經歷過許多嚴峻考驗。在她十六歲的時候，一場致命瘟疫橫掃塞爾維亞全境。外公被召去為彌留的人施行最後的聖禮，在他離家期間，母親獨自一人協助附近感染惡疫的家庭，短短時間內便有五個人接二連三染病過世。她為死者沐浴、穿衣和入殮，並且根據塞爾維亞的習俗用花妝飾死者，當外公返家時發現她已經打點好基督教葬禮所需的一切。

母親也是一流的發明家，我相信，如果她沒有遠離現代生活，而能接觸到更多的機會，肯定能成就一番事業。她發明和製作了各式各樣的工具和裝置，以及親手紡線編織出最精緻的織品；甚至從播種、栽培植物到分離植物纖維都一手包辦。她總是從天剛破曉一直忙到深夜，一刻不停歇，全家人穿戴的衣飾和屋裡的傢俱，大多是她親手製作的。即使年過六十，她的手指依舊十分靈巧，甚至能快速地在一根睫毛上打出三個結。

光影交織的心靈之旅

對於我的晚開竅，還有另外一個更重要的原因。童年時，我飽受一種特殊經歷之苦，我的眼前會出現影像，並且經常伴隨著強烈的閃光，使我無法看清實際景物，這對我的思緒和行動產生了嚴重困擾。這些影像都是我曾見過的真實事物和場景，並非出於想像。只要對我說出一個詞，這個物體的影像就會自動地在我眼前顯現，它們是如此栩栩如生，以至於有時候難以分辨孰真孰假？這讓我感到非常焦慮不安。我曾就此情況諮商過一些心理及生理學者，可是他們都提不出令人滿意的解釋。我知道我哥哥也有相同的困擾，也許我先天如此，但是無論如何，這似乎是非常獨特的現象。我自己的解釋則是，這是人受到巨大刺激後大腦產生反射作用，而把影像投射到視網膜所致。這些影像當然不是出於疾病或是精神妄想所產生的幻覺，因為我在其他方面都很正常，情緒也很穩定。

讓我來稍加解釋我的苦惱究竟是怎麼一回事。假設我目睹了葬禮或其他讓人心神不寧的景象，那麼在夜深人靜的時候，這個場景的鮮明影像一定會躍然眼前，不管我怎麼努力要讓它從眼前消失，就是揮之不去。有時我甚至可以伸手穿過眼前的影像，但它依舊流連不去。如果我的理解正確，任何一個人所能想得出的東西的影像，都能投射在銀幕上讓人看見。果真如此，這將會顛覆現行的所有人際關係。我深信，這項驚異發現會在未來實現；順帶一提，我已經在全力思索這個問題的解決之道。

為了擺脫這些惱人影像，我想方設法把全副注意力轉移到其他看過的事物上，這樣做確實讓我暫時獲得了解脫；然而問題是，我必須像變魔術般源源不絕變出新的影像，才不致「斷炊」。沒有多久，我就無以為繼了；我的「圖庫」耗盡了，畢竟我的眼界還很狹隘——我眼目所及僅限家裡和周遭附近等身邊事物。這種為了消除我所看到的惱人影像而展開的心智操作矯正方法，在做了兩、三次後，漸漸地終於完全失去了效力。

然後，我的本能告訴我必須展開新的旅行計畫，離開我熟知的小世界，全新的風景從此在眼前展開。起初，它們非常模糊難辨，每當我集中注意力想看清楚時，它們就會從我眼前一閃而逝，但在我鍥而不捨的努力下，終於成功鎖定了眼前景物；它們變得清晰分明，最終有了真實事物的具體樣貌。我很快就發現，只要跟著心靈視野持續往前進，汲取沿途的嶄新印象，我就會進入最舒心的狀態，於是我開始旅行——當然，是心靈旅行。從此，每一天晚上（有時候是白天），當我獨自一人的時候，我就開始心靈之旅——來到了新的地方、新的城市和國家，我在那裡生活，遇見一些人，然後與他們結識成為朋友。雖然這聽起來匪夷所思，但是我珍視他們一如在現實生活裡對待朋友一樣，並無二致。

從心靈之旅到發明觀想

我的心靈旅行一直持續到十七歲左右，心智活動開始轉向發明。因為我注意到，我可以輕而易舉地在腦海中把構思具象化，不需要藉助模型、畫圖或實驗，就能在心中具體描摹出它們實際的樣貌，這讓我十分開心。於是，我在不知不覺間另闢蹊徑，開創了一個與純實驗截然不同的全新方法，把創意付諸實現，我認為這樣做遠比實驗更快速也更有效率。因為在動手實驗建構一個還不成熟的粗略構想時，勢必會全神貫注於這項裝置的細節和缺失上；同時，在持續改進和重組產品的過程中，專注力也會漸漸耗弱，以至於連最重要的基本原則也忽略了。或許，最後仍有斬獲，但免不了會以犧牲品質為代價。

我的方法截然不同，我不會急於投入實際工作中。當我有一個構想，我會立即開始運用想像力去建構它，在腦海中改變它的架構、改善缺失和操作這個發想出來的裝置。不論是在腦海中運轉我設計的渦輪機，還是在工作間測試實物都沒有差別，因為它們打造出來的結果都一樣，我甚至能注意到腦海中的渦輪機運轉是否失衡。經由這種方式，我可以完全不動手就能快速發展、完善我的構想，直到把所有想得到的缺失都徹底做了改進，再也找不到一丁點瑕疵，才會把腦中打造出的最後成品「出廠」，實際製造出來。

想當然耳，我的設計完全照我的構想運作，實驗結果也與我所規劃的完全吻合。這二十年來，無一例外——怎麼可能會有例外呢？它們在工程、電子和機械設計上，都獲致滿意的結果。我的所有設計幾乎都可以透過所取得的理論與實際數據，事先計算出它們的效能或是決定性結果。我堅信，採取漸進式的實驗性作法把不成熟的構想付諸實現，只是浪費精力、金錢和時間罷了。

不過，這個童年困擾也帶來了好處，由於持續不輟操練心智，我發展出了敏銳的觀察力，促使我發現了一個重大的事實。我先前就已經注意到，這些腦海裡出現的影像，總是伴隨著我在特殊且非比尋常的情況下所看到的實際景象，因此每次看到影像的時候，我一定會驅策自己找出最原始的刺激因子。一段時間後，我的努力慢慢變成為一種自動反應，輕而易舉就能把事情的前因後果連結起來。不久，我驚訝地發現，我的每一個構想都是受到一個外在印象刺激所致。不僅如此，我的所有行動都是受到類似方式的驅策而展開。

終於，真相昭然若揭：我只是一個被賦予移動能力的機器人罷了——我只是在回應感官接收到的刺激，並且據此思考和行動。「遙控力學的藝術」（the art of telautomatics）於焉誕生，只是它的運作方式和應用面還不夠完備。無論如何，遙控力學的潛能終會破繭而出。我從幾年前便開始著手計畫要發明出一種能自我控制的自動機器，我相信這種行動起來猶如擁有部分智能的機械裝置可以被製造出來，而且會在工商業帶來許多革命性的突破。

大概是在十二歲的時候，我靠著意志力第一次成功擊退出現於眼前的影像，但卻拿閃光沒輒，我始終掌控不了它們。它們可能是我人生中最奇異的經驗，令我捉摸不透。閃光常常會在我面臨危難、痛苦或是極度亢奮時出現；某些情況下，我曾看見周圍的空氣中瀰漫著生猛的火舌。閃光的強度並未隨著我年歲漸長而減弱，反而愈來愈強烈，大約在我二十五歲的時候臻於最高點。

一八八三年，我在巴黎期間接受了一位傑出法國製造商的邀約，展開了一次狩獵之旅。我長期以來一直以工廠為家，呼吸大自然新鮮的空氣對我的身心具有神奇的舒壓效果，讓我感到心曠神怡。當晚返回巴黎的途中，我明顯感覺到頭像是火在燒。然後，我看見一道光，彷彿有顆小太陽座落其中，我整夜都在冰敷，試圖冷卻燒得難受的頭。最後，這些閃光出現的頻率和強度都漸趨緩和，但要到三個多星期後才完全平息下來。因此在受到第二次邀約時，我斬釘截鐵地回絕了。

這種閃光現象之後仍不時會出現，像是我的腦袋冒出具有創新潛力的新構想時，只是它們不再令我興奮，光的強度也相對減弱了。當我閉上眼睛，一定會先注意到一片近似墨色的深藍背景——不是那種萬里無雲的天空藍，更像是沒有星星的漆黑夜晚。幾秒鐘後，死寂的藍色背景變得生氣勃發，布滿難以數計的綠色發亮光點，層層排列朝我馳來。接著，背景右側出現一個美麗圖案，是由兩組間距緊密的平行線交疊成九十度角構成，線條顏色琳瑯滿目，黃綠色和金色最多。緊接著，所有線條變得愈來愈明亮，整片背景滿布著點點晶亮的閃爍光點。這幅畫面緩緩從我眼前經過，約莫十秒鐘後消失於左側，留下一大片令人鬱悶的陰沉灰色，很快地雲海如波濤般洶湧而來，試圖變化成不同的生動形狀。奇怪的是，直到第二階段開始前，我的大腦竟然投射不出任何一個具體形狀到這片灰幕上。每次在我闔上眼沉入夢鄉之前，眼前總會掠過一些人事物的影像，看到它們，我就知道會有個好眠；如果它們始終拒絕現身，就意謂著當晚會是個失眠夜。

想像力在我的早年生活中到底有多重要，我可以舉另外一個奇異的經驗來說明。

我和大多數孩子一樣喜歡跳躍，進而生出一股強烈欲望想要讓自己飄浮於空中不墜。偶爾，一股強勁的風挾帶著充盈的氧氣從山上吹來，我覺得自己的身體就像軟木塞般變得輕飄飄的，於是我向上躍起，在空中飄浮很長一段時間。置身於這樣的想像中，我感到無比快樂，但是當大夢初醒時，失望也異常強烈。

這段時期，我有許多古怪的好惡和習慣，有些可追溯自我對外在事物的印象，其他則已不可考。例如我非常厭惡女人的耳環，可是卻能接受手鐲等其他飾品，只是喜歡的程度要看設計的好壞。看到珍珠會讓我發飆，卻對水晶的光澤或稜角分明、表面光滑的東西深深著迷。我不會去碰或摸其他人的頭髮，除非有人拿著手槍抵住我的腦袋逼我這麼做。我看到桃子會發燒；只要家裡有一顆樟腦，不管放在哪個角落，都會讓我感到坐立難安，直到現在，我還是無法對它們全部免疫。當我把小正方形碎紙片撒落到盛了液體的盤子裡時，我的嘴巴就會冒出一股噁心的可怕味道。我會邊走邊算步數，也會計算湯盤、咖啡杯的容量和食物的體積——否則會食不下嚥。我在做重複性的行為時，重複的次數必須能被三整除，萬一我中途搞糊塗了，即使要耗上幾個小時，還是會全部重頭來過（譬如，用十八張餐巾紙清潔盤子；入住酒店時，房間號碼必須是三的倍數，房間內的生活用品必須正好有六樣，並繞行酒店周圍九圈才入住）。

意志力的覺醒

我在八歲之前，一直是個個性軟弱、猶豫不決的人，缺乏勇氣和力量鞭策自己培養堅定的決心。我的情緒猶如洶湧的波濤倏忽來去，在兩個極端之間來回擺盪。我的願望清單消耗了我的氣力，它們就像九頭蛇的頭那般快速增加。生與死皆苦的思想，還有宗教上的恐懼，都使我意志消沉。迷信挾制了我，我活在對邪靈、鬼魂、吃人妖怪和其他暗黑怪物的持續恐懼中。然後突然之間，一項巨大的改變翻轉了我整個人生的發展軌跡。

在所有東西中，書是我的最愛。我的父親有一個大型藏書室，我總是想方設法滿足自己的閱讀渴望。然而，我的閱讀熱情卻得不到父親的認同，只要被他抓到我沉浸在書堆中，他就會大發雷霆。如果被他發現我偷偷在看書，他會把蠟燭藏起來，因為他不希望我把眼睛讀壞了。不過，我還是弄到了牛油，然後將條狀燭芯和牛油一起浸泡在錫罐裡充作蠟燭，每個夜晚我都堵住門的鎖孔和縫隙，在燭光下常常一讀就到黎明破曉時分——當其他人都還在睡夢中，母親已經開始她每日繁重的家務。有一天，我偶然讀到了一本塞爾維亞版的翻譯小說《阿巴的兒子》（*Abafi*），作者是著名的匈牙利作家約許卡（Miklós Jósika）。這本小說喚醒了我沉睡的意志力，我開始學習控制自我意識。

起初，我的決心就像四月雪很快地融化消退，但是最終我戰勝了軟弱，感受到了前所未有的快樂——一種隨心所欲的喜悅。一開始，我必須降低我的期望，但是漸漸地我的期望和意志力趨於一致，運用強大的意志力最終成了我的第二天性。幾年訓練下來，我已經可以完全做到自我克制，於是我用輕佻的態度縱情於自己的狂熱欲望當中，它們的破壞力足以毀滅具有鋼鐵般意志的強人。

有一段時間，我迷上了賭博，讓父母親憂心不已。坐在牌桌前，是我最快樂的時刻。我的父親一生過著足堪典範的生活，他無法原諒我沉迷於賭博當中，恣意揮霍時間和金錢。我有強大的意志力，卻秉持著差勁的人生哲學，我告訴父親：「只要我高興，隨時可以停止，但是要我放棄用天堂的喜樂才能買到的東西，值得嗎？」父親常常對我發洩他的怒氣和輕蔑，但母親就不同了，她熟諳人性，她知道唯有靠自己的努力，才能救贖自己。記得有一天下午我輸光了所有的錢，正滿心期待著能再賭一局以扳回一城，這時母親拿了一大綑紙鈔交給我，說：「拿去，盡情去賭吧，你愈早敗光我們的家產愈好。我相信你一定會擺脫掉賭癮的。」她說對了，我當場就戰勝了我的賭癮，唯一的遺憾是，我的賭癮沒有那麼堅不可摧，其實可以更早戒除的。我不僅僅只是戰勝而已，而是將賭博徹底從心中清除乾淨，不留給欲望一絲可乘之機。從此以後，我對於形形色色的賭博就像剔牙一樣，完全無動於衷。

此外，我有一段時期犯了菸癮，嚴重危害到健康，我再次展現意志力，不僅成功戒了菸，連抽菸的念頭都沒有了。很久之前，我為心臟疾病所苦，後來發現元凶是每天早上喝的咖啡，於是立刻戒喝咖啡，我坦承這並非易事。我也乘機檢查了我的其他習性和偏好，並透過意志力加以控制，這麼做不僅保守了我的人生，也帶來了極大的滿足感——儘管也許對大多數人來說，會覺得我過的是一種清貧寡欲的犧牲生活，而我仍甘之如飴。

大學學業結束之後（特斯拉於一八七〇年代曾先後就讀於奧地利格拉茲的理工學院〔the Polytechnic Institute in Graz〕和布拉格的大學〔the University of Prague〕），我罹患了嚴重的神經衰弱，期間，我看到了許多不可思議的奇異現象。

Chapter 2

天才少年發明家

我曾在書中讀到關於尼加拉大瀑布的描述並且為之深深著迷，並在腦海中勾勒想像利用它的澎湃水力運轉的巨大渦輪，我告訴叔叔我將會去美國實現這個計畫。三十年後，我看到我的發想在尼加拉大瀑布實現成真……

接下來，我會簡短分享這些奇特的經歷，我認為心理和生理方面的學者專家可能會對它們感興趣。此外，這一段讓我備感困擾的時期，對於我的心智發展及隨後投入的心血影響最為深遠。因此有必要先說說我之前的生活環境，或許有助於從中找出部分原因，可以解釋出現在我身上的奇特遭遇。

自省節制的家庭教育

從小，我的家庭教育就要求我全心留意自己的言行。這讓我吃了不少苦頭，然而當我回顧這段經歷，反而慶幸自己因禍得福，因為我從中領略到了自省在保守人生上所展現的無價價值，除此之外，自省也是獲致成就的方法之一。工作壓力和各種外在刺激，經由知識通道源源不絕進入到我們的意識中，造成現代人的生活在許多方面危機四伏，大多數人的心思都專注於外在世界，而完全忘了諦聽自己內心的聲音。

我認為，導致數百萬人英年早逝的主因，可以歸因下面這個因素。連向來行事謹慎的人，都犯了一個共同錯誤，他們竭力避開出於想像的風險，反而忽略了真正的危險。這個說法適用於個人的情況，或多或少也適用於所有人身上，我就以禁酒令為例來加以說明（一九一七年通過，從一九二〇年～一九三三年維持十三年）。

美國政府正在推行一項嚴厲措施，禁止全美飲酒，這項禁令是否違憲仍有待商榷，但事實會說話，從死亡人數來看，咖啡、茶、香菸和口香糖這些刺激物，對於國民健康的危害遠甚於酒，但是政府卻放任民眾沉溺其中，連未成年也能自由取用。舉例來說，我在維也納就讀大學期間，曾經收集當地出版發行的死者名冊，維也納是咖啡族的大本營，據統計，死於心臟病的人數有時高達百分之六十七，在酗茶的城市或許也有類似的觀察。這些香醇飲品的提神作用會從起初的極度亢奮，隨著大腦細神經纖維漸漸鈍化而消退。它們也會嚴重阻礙動脈血流的循環，由於它們對身體的慢性危害難以察覺，我們在享用這些飲品時，必須更加節制。

另外，香菸固然有助於放鬆及產生愉悅感，卻會分散專注力和思考的強度，反而不利耗腦的原創性思考。嚼口香糖只有短暫的提神效果，相關腺體的分泌作用很快就會竭盡，還會對身體產生無法修復的傷害，更不用說它所產生的誘導作用（revulsion）。至於酒呢，不論喝的是威士忌還是胃裡的糖分發酵轉化的酒精，適量是強身補藥，過量就成了毒藥。不過，從優勝劣敗的適者生存定律來看，也不要忽視了這些刺激物所產生的後果，反而讓它們成了協助大自然淘汰不適者的重要清除器。激進的改革者也必須留意人性從來都不喜歡受束縛，所以保持中立的放任政策比起強制立法禁止，更受到民眾的普遍歡迎。

我們之所以需要提神的刺激物，背後真相是因為我們希望能在工作上有最好的表現，這是整個大環境使然，也因此我們必須在每個生活層面力求節制，以及掌控好自己的欲望和喜好。我長年力行清心寡欲的生活，經年累月下來，對我的身心常保年輕和健康大有裨益，到現在依舊老當益壯。儘管這種清心寡欲的生活並非一直都盡如我意，但從實行的經驗來看，我相信節制的生活會帶來巨大回報。我衷心期盼有人能效法我的生活及養身之道，就記憶所及，與大家分享我的一、兩件經歷。

My Inventions

By Nikola Tesla

2. MY FIRST EFFORTS IN INVENTION

I SHALL dwell briefly on these extraordinary experiences, on account of their possible interest to students of psychology and physiology and also because this period of agony was of the greatest consequence on my mental development and subsequent labors. But it is indispensable to first relate the circumstances and conditions which preceded them and in which might be found their partial explanation.

BOYS will be boys, the world over. The Boy Tesla was no exception to the universal rule, as this, his second autobiographical article clearly proves.

Mr. Tesla in his own inimitable, delightful way, here paints with a literary artist's brush his own intimate boyhood in charming as well as vivid colors.

We have often heard of Tesla, the dreamer. But if he is entitled to the epithet, his early boyhood certainly fails to reveal it. Tesla did not allow much grass to grow under his feet while a boy, for he assuredly was a strenuous, red-blooded youngster.

You will wish to read all about the greatest inventor's early boyhood. It is doubly valuable because it comes from his own pen. We promise you an interesting twenty-minutes' entertainment. —EDITOR.

From childhood I was compelled to concentrate attention upon myself. This caused me much suffering but, to my present view, it was a blessing in disguise for it has taught me to appreciate the inestimable value of introspection in the preservation of life, as well as a means of achievement. The pressure of occupation and the incessant stream of impressions pouring into our consciousness thru all the gateways of knowledge make modern existence hazardous in many ways. Most persons are so absorbed in the contemplation of the outside world that they are wholly oblivious to what is passing on within themselves. The premature death of millions is primarily traceable to this cause. Even among those who exercise care it is a common mistake to avoid imaginary, and ignore the real dangers. And what is true of an individual also applies, more or less, to a people as a whole. Witness, in illustration, the prohibition movement. A drastic, if not unconstitutional, measure is now being put thru in this country to prevent the consumption of alcohol and yet it is a positive fact that coffee, tea, tobacco, chewing gum and other stimulants, which are freely indulged in even at the tender age, are vastly more injurious to the national body, judging from the number of those who succumb. So, for instance, during my student years I gathered from the published necrologues in Vienna, the home of coffee drinkers, that deaths from heart trouble sometimes reached *sixty-seven per cent* of the total. Similar observations might probably be made in cities where the consumption of tea is excessive. These delicious beverages super-excite and gradually exhaust the fine fibers of the brain. They also interefere seriously with arterial circulation and should be enjoyed all the more sparingly as their deleterious effects are slow and imperceptible. Tobacco, on the other hand, is conducive to easy and pleasant thinking and detracts from the intensity and concentration necessary to all original and vigorous effort of the intellect. Chewing gum is helpful for a short while but soon drains the glandular system and inficts irreparable damage, not to speak of the revulsion it creates. Alcohol in small quantities is an excellent tonic, but is toxic in its action when absorbed in larger amounts, quite immaterial as to whether it is taken in as whiskey or produced in the stomach from sugar. But it should not be overlooked that all these are great eliminators assisting Nature, as they do, in upholding her stern but just law of the survival of the fittest. Eager reformers should also be mindful of the eternal perversity of mankind which makes the indifferent *"laissez-faire"* by far preferable to enforced restraint. The truth about this is that we need stimulants to do our best work under present living conditions, and that we must exercise moderation and control our appetites and inclinations in every direction. That is what I have been doing for many years, in this way maintaining myself young in body and mind. Abstinence was not always to my liking but I find ample reward in the agreeable experiences I am now making. Just in the hope of converting some to my precepts and convictions I will recall one or two.

A short time ago I was returning to my hotel. It was a bitter cold night, the ground slippery, and no taxi to be had. Half a block behind me followed another man, evidently as anxious as myself to get under

(*Cont. on page* 839)

This Photograph Shows in the Background the House in Which Mr. Tesla's Family Resided. The Edifice at the Right Is the "Real Gymnasium" Where He Studied. The Ecclesiastic Gentleman Is His Uncle, the Metropolitan of Bosnia, Who Was a Great Statesman and Who Thwarted the Designs of Austria Upon Serbia at a Critical Period.

這是不久前，在我回旅館途中發生的事。那天晚上，寒風刺骨，地面滑溜，沿途看不到一輛計程車駛過，我注意到有個男人尾隨在我身後，顯然他跟我一樣都急於想要鑽進一個能遮風避寒的地方。

這時，我的雙腿突然騰空躍起，同一瞬間，我的腦中出現閃光，反應神經做出回應，全身肌肉緊繃，身體旋轉一百八十度後雙手落地。起身後，我若無其事地繼續往前走，這名陌生男子從我身後追了上來，仔細打量我後問：「請問您貴庚？」「喔，五十九歲吧，」我回答他，「怎麼了？」他說：「嗯，我只看過貓有這等身手，人還沒有。」

另外，大約在一個月前，我打算換付新眼鏡，所以去看了眼科醫師，在幫我做完例行的視力測試後，他不可置信地看著我，因為我可以在那麼遠的距離將視力表上最小的圖示都看得一清二楚，毫不費力。當我告訴他，我已經年過六十，他更是驚訝得倒抽了口氣。

朋友們常說，我的衣服穿在身上就像手戴手套一樣合身，但是他們都不知道的一

這張照片是特斯拉的住家，右邊的大樓即他十歲就讀的文實中學。

個小祕密是，我的衣服全是在三十五年前量身製作的，至今從未修改過一絲一毫。三十五年來，我的體重也始終如一，增減一磅都沒有。

再講一個與此相關的有趣故事。

一八八五年一個冬天傍晚，愛迪生先生、愛迪生照明公司（Edison Illuminating Company）總裁愛德華・強生（Edward H. Johnson）、經理查爾斯・巴奇勒（Charles Batchelor）先生和我，一行四人走進紐約第五大道六十五號對面一家小辦公樓，這裡是愛迪生照明公司的辦公室。突然，有人提議要大家互猜體重，我在大家的慫恿下踏上磅秤。愛迪生把我打量了一番後說：「特斯拉的體重是一百五十二磅增減一盎司（一磅約〇・四五四公斤，一盎司約二十八・三五公克）。」

他的猜測精準無誤，我的體重扣除衣物後淨重一百四十二磅，至今未變。我在強生先生耳畔低聲問：「愛迪生怎麼可能把我的體重猜得這麼準？」

「這個嘛，」他壓低聲音說道：「我會告訴你，但是你一定要保密，不能把我們私下的談話說出去。他呀，曾經在芝加哥一家屠宰場工作過很長一段時間，每天都要為數千多頭豬秤重！」我有一個名叫瓊西・迪皮尤（Hon. Chauncey M. Depew）的朋友，曾經說過一個英國人的趣事，他跟對方說了一個他自己原創的奇聞軼事，這個英國人當時聽得一頭霧水，直到一年後才意會大笑。我承認我對於強生玩笑話的意會，比一年還長。

我到現在還能活得健康安寧，都要歸功於過著謹慎節制的生活，最令人吃驚的是我在年輕的時候曾經病入膏肓，三度在鬼門關前徘徊，連醫生都束手無策。不僅如此，因為自己的疏忽和漫不經心，我經歷過各種大大小小的災難，能夠從這些災厄中倖存下來，彷彿是有神力相助。我有十多次幾乎被溺斃的經歷；還遭逢幾乎被生燙活剝、模模糊糊感覺到自己就要被燒成灰的意外。我曾受困、迷路和凍傷，也從發狂的狗、豬和其他野生動物的利爪下死裡逃生過。

在罹患了可怕的疾病，和經歷過形形色色奇怪的大小災厄後，我還能安然健康的活到現在，精神矍鑠，堪稱奇蹟。但是，每當我回想起這些事件，我相信我能夠存活下來並非偶然。

An interesting study of the great inventor, contemplating the glass bulb of his famous wireless light. A full description of the invention will appear shortly in the ELECTRICAL EXPERIMENTER. *This is the only profile photograph of Mr. Tesla in existence. It was taken specially for the* ELECTRICAL EXPERIMENTER.

發明家的特質

發明家本質上就是一項救人的志業。不論是利用自然力、改良機器等裝置，或是提供全新的舒適和便利性，都是在增進我們生活的安全性。比起一般人，發明家的敏銳觀察力和應變能力，使他們更有能力保護自己的性命。即使沒有其他證據，我也能從個人的經驗中發現自己具備一定程度的發明家特質，讀者可以從我所舉的一、二個例子中自行判斷。

第一個例子發生在我十四歲那年，我想要惡作劇嚇嚇一起游泳的朋友，我的計畫是潛到一座頗長的漂浮建物下方，再悄悄現身於另一側。游泳和潛水之於我就像鴨子划水般輕鬆自在，我對這項看家本領信心十足。於是，我按照計畫潛到水中，確定不會被人看見後，調頭轉身朝另一側快速游去。在我認為已經安全游過漂浮物時，開始浮上水面，但是我的頭卻撞到一個橫樑，我感到有些驚慌。當然，我快速掉頭潛進水中，再努力往前推進，我的心臟跳得很快，到了快要無法繼續憋氣時，我嘗試第二次浮上水面，但是頭又再一次碰到橫樑。眼看著就快要沒命了，我集中所有剩餘的力氣第三次奮力一搏，依舊無功而返。我因為快要憋不了氣卻又無法呼吸而極度難受，我的頭開始暈眩，感覺自己正在往下沉。

就在絕望的邊緣，千鈞一髮之際，我看到了閃光，上方的漂浮物出現在眼前。我看到，也或許是用猜的，在水面與橫樑上方的木板間有道狹縫，我靠著僅存的最後一點意識向上浮起，努力把嘴湊近木板，設法呼吸到一點點空氣，很不巧，一道水花打來，嗆得我差點窒息。

我像是作夢般重複了幾次這樣的過程，直到急速跳動的心臟慢慢緩和下來，我也漸漸恢復鎮定為止。之後，在嘗試幾次潛水不成功後，我已經完全失去了方向感，就在我的朋友已經完全放棄救援的希望，準備打撈我的屍體之際，我終於從鬼門關前成功逃脫。

因為我的輕率，那年的泳季被我搞砸了，但是我很快就忘了那次的教訓，僅僅相隔兩年，我又故態復萌，只是這次落入更危急的險境中。

在我念書的城市附近，有一間大型磨坊攔河興建了一座水壩。河水的高度通常只比水壩高出約二、三英寸（一英寸約二・五四公分），在裡面游泳就像是平常運動那樣，沒有什麼危險性，我常常在這裡盡情享受游水之樂。有一天，我像平日一樣獨自前往，享受快樂時光。當我游到磨坊附近的時候，眼前的河水突然暴漲，迅速把我沖走，我嚇壞了，想辦法要逃離，但是已經太遲了。幸好，我雙手抓住了牆壁，保住自己不被急流沖走。

河水的強大壓力壓迫著我的胸部，我只能勉強讓頭保持在河面上。放眼望去，看不到一個人影，我的聲音淹沒在瀑布的咆哮嘶吼聲當中。漸漸地，眼看著氣力即將耗盡，快要撐不下去了，就在準備放手朝河底岩石撞去的那一刻，我的眼前出現一道閃光伴隨著一張熟悉的圖示，上面顯示液壓原理（hydraulic principle）：運動中流體的壓力與受力面積成正比。於是我自然而然地轉過身，用左側身體去抵擋水流的衝擊。就像是變魔術般，水流的壓力變小了，我還發現保持這種姿勢抵擋河水的衝擊力要容易多了。

但是，危險依舊在，我知道我遲早會被沖走，因為即使有人注意到我，我也等不到及時的救援。我現在雙手都很靈巧，不過我那時候是左撇子，右手臂的力量自然相對較弱。所以，我不敢換邊稍事休息，唯恐屍骨無存，只能貼著牆面沿著水壩緩慢推進。眼看水流愈來愈湍急，愈來愈深，我一定要離開眼前的磨坊才行。那是一段漫長而痛苦的嚴峻考驗，眼看終點在望，橫亙在前的卻是水壩的深水區域，我差點就要功敗垂成。我拚了命設法用最後一絲力氣游過去，卻在抵達岸邊時昏厥過去，最後在那裡被人發現。這場意外造成我的左側身體刮掉一層皮，高燒不退達數星期之久，幸好最後得以痊癒康復。這些只是我諸多事例中的兩個，卻已充分說明若不是發明家的本能，我活不到現在可以講述這個故事。

對我感興趣的人經常問我一個問題，我是如何以及何時開始走向發明之路的。我只能就現有的記憶回答這個問題，還記得我的第一次發明野心勃勃，我發明了一個工具和方法，這個工具已經有其他人發明在先，但方法是我的獨創。事情經過如下：

我的一個玩伴獲得了一個釣鉤和釣具，讓全村孩童為之興奮不已。隔日，一夥人全都捉青蛙去了，我因為和這個男孩吵架，獨自一人被拋下留在村中。我從未看過真正的釣鉤，所以自己想像了一個獨特的精緻釣鉤，也為了不能跟大家一起捕蛙而心情低落。在強烈渴望的驅策之下，我想辦法拿到了一條軟鐵絲，然後放在兩顆石頭中敲打，直到鐵絲尾端被打磨成又尖又細，接著把鐵絲彎曲成形，最後再把它固定在一條牢固的繩子上。我砍了一根樹枝，再收集了一些餌後，來到附近一條盛產青蛙的溪流釣蛙。但是，一直沒有青蛙上鉤，看著一隻青蛙端坐在倒下的樹幹上，我的釣鉤卻是紋風不動、空空如也，我幾乎是萬念俱灰。

一開始，這隻青蛙看起來意興闌珊，但慢慢地牠的眼睛向外突起，變得通紅，身體鼓脹為正常的兩倍大，最後向上一躍，狠狠地咬住釣鉤。我立刻拉起釣竿。接著，我用這招來釣蛙屢試不爽，證明了這個方法萬無一失。雖然我的玩伴們裝備比我精良，卻毫無斬獲，當他們看到我滿載而歸時，忌妒得臉都綠了。有好長一段時間，我自己一人獨享釣蛙祕方，不過我終究難敵聖誕節的分享精神，最後每個男孩都可以依樣畫葫蘆，導致隔年夏季青蛙的大災難。

自然界的力量

我接下來的發明，純粹出於原始本能的刺激（這種方式主導了我後來的發明），運用自然界的力量來服務人類。我利用在美國稱為五月或六月金龜子的昆蟲為媒介，牠們在美國是貨真價實的害蟲，有時候牠們只靠體重就能壓斷樹枝，牠們爬滿灌木叢時，看上去就是黑壓壓一片。我把四隻金龜子黏在一個短橫木上，再把它套在細木軸上利用金龜子來旋轉，進而帶動另一端的大型圓盤轉動，由此獲得可觀動力。金龜子是一種效率超高的生物，一旦發動牠們工作，牠們就會停不下來，連續幾小時旋轉不停，天氣愈熱，牠們就愈賣力工作。

原本一切都很順利，直到有個奇怪男孩闖入，他的父親是一名奧地利退伍軍官。這個淘氣男孩竟然生吃金龜子，而且吃得津津有味，彷彿正大啖最美味的藍點牡蠣。目睹如此噁心的景象，我中止了繼續在這個前景看好的領域探索，從此以後，再也不碰金龜子或其他昆蟲。

後來，我開始動手拆解、組裝祖父的掛鐘。可是，每拆必裝不回去。有一天，祖父冷不防下達禁令，不准我再繼續這樣做，他蠻橫的態度造成我有三十年時間不再動手拆裝時鐘。沒有多久，我開始製作空氣槍，零件包含一支空心管、一個活塞，還有兩顆麻製彈丸。射擊時，兩隻手分別迅速把活塞推進槍體，以及把槍管往後推，兩顆彈丸間的空氣一受到壓縮，溫度升高，其中一顆就會被擊發出去發出巨響。我的空氣槍製作技巧之一，是選擇一個錐度適合的植物空心稈做為槍管。我的空氣槍製作精巧，但我們家的窗戶就遭殃了，所以我被禁止不准再用空氣槍。

如果沒記錯，我接下來開始迷上製作木劍，我直接拿家裡的傢俱做為材料，因為最容易取得。我那時候受到塞爾維亞愛國詩的影響，對於詩中國家英雄的英勇事蹟充滿仰慕之情。我常常在菜園裡揮舞著玉米稈大開殺戒、痛宰敵人好幾小時，造成農作物毀損，結果遭到母親的懲罰——被打屁股，母親可不是做做樣子，而是真真實實地讓我吃足了排頭和懲戒。

這些全是發生在我六歲之前的事，還有更多事件，只是族繁不及備載。當時，我已經念完小學一年級，學校就在我的出生地斯米連村。不久，我們全家搬到附近小城戈斯皮奇（Gospic）。

搬家對我來說就像是一場災難，要跟舊家的小動物們分離，讓我傷心不已，其中有鴿子、小雞、綿羊，以及隊伍壯觀的鵝群，牠們總是在清晨時分昂首向天朝著飼養場前進，在日落時分排成戰鬥隊形從飼養場回來，那整齊劃一的隊伍，足以讓當今最精良的空軍連隊自慚形穢。

然而，到了新居，看著窗簾外的陌生人，我感覺自己就像是蹲苦牢的囚犯。我是個非常靦腆的小孩，寧願面對一頭獅子，也不願跟那些穿著入時、遊手好閒的城市紈褲子弟打交道。但是我最嚴峻的考驗發生在星期日，這一天我的服裝儀容必須保持整潔，還要參加教會禮拜的服事。

有一次我不小心闖了大禍，即使事情過去了那麼多年，只要一想到當天的情景，依舊會血液像陳年優酪乳般凝固那樣地感到心驚膽跳。那是我的第二次教會驚魂記，在那之前不久，我才在一間教堂裡被困了一晚，教堂座落於人煙罕至的深山，一年只去造訪一次。那確實是一次恐怖的經歷，但是第二次的遭遇更糟。城裡有個女富豪，她是個好人，但喜歡擺架子。她總是盛裝打扮上教堂做禮拜，臉上畫著精緻的濃妝，裙襬拖得老長，有一群僕人隨身服侍打理。某個主日，我一敲完教堂鐘樓的鐘，便急匆匆下樓梯，恰巧碰上這位貴婦大搖大擺走出來，我一個箭步正好踩到她的拖裙。接著，響起一陣撕裂聲，聽起來就像是技術生疏的新兵射擊發出的槍響，她的裙襬當場被硬生生地撕裂。我看到父親氣得臉色鐵青，他打了我一巴掌，雖然不是很用力，但這是他第一次體罰我，我到現在都還能感覺到那一巴掌在心裡的力度。我覺得很丟臉也很困惑，筆墨難以形容當時的心情。經過這次事件後，我等於是社區裡的不受歡迎人物，直到後來發生了一件事，我的名譽才得以平反，使得大家對我另眼相看，重拾尊嚴。

一名年輕創業家組織了本地一支消防隊。他採購了全新的消防車和制服，還計畫做一次消防演練和遊行展示。所謂的消防車其實就是一具消防泵浦機組，由十六個壯漢共同操作，並漆上美麗的紅色與黑色。一天下午，官方測試正在準備中，消防機組被運送至河邊，全城的人都蜂擁到河邊想要一睹壯觀的演練場面。所有致詞和儀式都告一段落後，長官下達命令啟動泵浦，但是噴嘴卻噴不出一滴水，現場的教授和專家也束手無策，找不出問題所在，眼看演練就要失敗了。

我當時還沒有任何機械方面的知識，對於氣壓沒有一點概念，但是直覺告訴我是河中的抽水軟管出了問題。我走近看到它塌陷在河中，於是下水將它打開，大量的水突然湧出，將我身上所穿的主日服噴濕了一大片。阿基米德沐浴時發現浮力理論，當他赤身裸體奔跑過義大利敘拉古（Syracuse）街道，聲嘶力竭高喊「我找到了！」（Eureka）時所引起的騷動，還遠遠不如我當日受到的矚目，那一天我成了英雄，被人們扛在肩膀上，接受群眾熱烈的歡呼。

我們一家人在新居安定下來後，我進入師範學校開始了一個四年制的課程（即基礎小學教育），為進入大學或是文實中學（Real Gymnasium，一種中等教育體制，一般為五年級至十年級，高等文實中學則約為高中，但都較偏實科）做準備。這段時期，我仍然繼續我的孩子氣發明，當然也繼續製造麻煩。此外，我還博得了「捕鴉冠軍手」的響亮名號。老實說，我的捕捉方法很簡單——進到樹林後，便躲在灌木叢後面，模仿烏鴉叫聲。通常，我會先得到幾聲回應，不久之後就會有一隻烏鴉飛到我附近的灌木叢。接下來要做的，就是把一片紙板朝牠丟過去，藉此分散牠的注意力，趁牠飛走逃脫之前，趕緊跳出來捉住牠。然而，一次意外事件讓我不得不對牠們另眼相看。

有一天，我捉到了一對漂亮的烏鴉，正當我和朋友一起往回家的路上走，準備離開樹林時，數千隻烏鴉突然群集在我們頭頂上空，發出恐怖的聒噪聲。幾分鐘後，牠們做出攻擊態勢，將我們兩個團團包圍起來，一開始我還覺得有趣好玩，直到後腦勺遭到一陣攻擊，把我撲倒在地，才覺得不對勁。接著，牠們朝我猛烈攻擊，我只得把捉到的兩隻烏鴉釋放。儘管如此，我還是開開心心地跑去跟朋友會合——他早已經躲到洞穴中藏身了！

教室裡有一些讓我感興趣的機械模型，把我的注意力轉到了水渦輪機。我動手製造了許多水渦輪機，從操作中感受到巨大的快樂。若要形容我的人生際遇是何等奇妙，也許可以從這一個小插曲窺見一斑。我的叔叔不喜歡我這類消遣嗜好，所以我不只一次受到他的責罵。我曾在書中讀到關於尼加拉大瀑布的描述而為之深深著迷，並在腦海中勾勒想像利用它的澎湃水力運轉的巨大渦輪，我告訴叔叔我將來有一天會去美國實現這個計畫。三十年後，我看到我的發想在尼加拉大瀑布實現成真（一八九五年，特斯拉為美國尼加拉水力發電廠製造發電機組，至今仍是世界知名的水力發電廠之一），也讓我對心智奧祕的深不可測驚歎不已。

這段期間，我發明了各式各樣的東西和新奇古怪的玩意兒，其中最佳發明非大型弓弩莫屬。箭一射出去，便從眼前迅速消失，並在近距離內貫穿一英寸厚的松木板。不斷拉弓使我鍛鍊出一塊塊像鱷魚皮一樣的腹肌，我常常在想，是不是因為這樣的鍛鍊，即使到現在，我甚至連鵝卵石都消化得了！另外，我不能不提我的高超擲石本領，這項絕活足以讓我在競技場上大放異彩。我現在要說說我使用這個古老武器的一項傲人事蹟，讀者看了一定會覺得難以置信。

有一天，我邊練習邊和叔叔沿著河岸散步，太陽漸漸西沉，鮭魚在河中嬉戲，不時會有一條向上躍起到空中、閃閃發亮的魚身映襯著遠方突出的岩石顯得更加奪目。

任何一個男孩理當都會利用這個大好機會輕易擊中鮭魚，但是我沒這麼做，我採取了高難度作法。我先把相關細節一五一十地告訴叔叔，然後撿起一顆石頭猛力朝鮭魚擲去，鮭魚被打飛撞擊到遠處的突岩，魚身被岩石截成兩半。說時遲那時快，這一切都在一瞬間迅速完成，叔叔看得都嚇傻了，驚呼：「滾開，你這魔鬼！」接下來有好些天他都不跟我說話。我的其他紀錄不論多麼輝煌，終會變得黯淡無光，但是我想我會頂著我的重大發明桂冠享譽千年。

Chapter 3

交流電之父——發現旋轉磁場

我或許無意間發現了一千個大自然奧祕，但是我願意用它們換取我的這項發明，它是我排除萬難用生命換來的嘔心瀝血之作……

我十歲進入文實中學就讀，那是一所新成立的學校，教學設施相當完善。物理科擁有各式各樣電子和機械方面的經典科學儀器模型，老師常常示範操作儀器和做實驗，我深受吸引，自然形成了一股強大驅力激發我的發明興趣。我也對數學充滿狂熱，我快速計算的能力常常博得老師的稱讚，這都要歸功於我具備了把數字視覺化加以運算的能力，這種能力無關乎直覺，而是來自平日生活的運用——即使數學的複雜度提升到一定的難度，不論是在黑板上實地演算或是召喚到心像中，我依舊能輕鬆駕馭。

但是，要在美術課專心畫圖幾小時已經對我造成嚴重困擾，難以忍受。這實在很反常，因為我們家族的成員大多具有一流繪畫天分。或許，我的反感只是因為不喜歡受干擾，讓我無法安靜思考。要不是還有幾個特別笨的同學在後面墊底——他們在課業表現上沒有一科及格——我大概會在美術成績上吊車尾。在當時的教育體制下，美術是必修課程，這對我確實非常不利，恐怕會危及整個學業表現，甚至是未來生涯發展，父親不由分說強迫我立即轉班，過程讓他吃足了苦頭。

旋轉磁場的最初發想

在文實中學第二年，我開始沉迷於一個新構想：利用穩定的氣壓製造永續不停的運動。消防泵浦事件點燃了年少的我的活潑想像力，讓我對真空的無窮威力印象深刻。我渴望能夠開發利用這項取之不竭的能量，而且變得愈來愈急切，但是有好長一段時間我一直在黑暗中摸索。最後，終於找到了一個明確的努力方向，聚焦於一項發明，一旦成真，我將能達到前無古人的空前成就。

我想像著一個固定在軸承兩端可自由旋轉的圓柱體，有一部分被長方形凹槽包覆，緊密嵌合。凹槽的開口用隔板封住，把圓柱體分割成兩個隔間，中間用氣密式滑動接頭徹底隔開兩個空間。其中一個隔間被密封抽成真空狀態，另外一個隔間依舊與空氣保持接觸，這麼一來就形成永遠旋轉不停的圓柱體了，至少我是如此想的。我做了一個木製模型，小心翼翼地把它安裝固定好。當我把真空幫浦接到模型一側，我確實觀測到模型出現轉動的傾向，我高興得快要瘋掉了。

我還有一個想要完成的發明夢想：打造一個飛行器，雖然我還沒有完全擺脫我的飛行惡夢——我曾經拿著傘從一棟建築物頂樓一躍而下，結果重重摔在地上。我曾每一天都在腦海裡想像著，可以騰雲駕霧把自己傳送到遙遠的地方，但就是想不透該如何做到。而我現在有了一個簡陋的飛行器——有轉軸、撲翼，還有——無窮的真空動力！從那一天起，我每天搭乘舒適豪華的飛行器展開飛行想像之旅，堪比所羅門王。直到多年之後，我才明白大氣壓力是以九十度角作用於圓柱體表面（特斯拉起初希望可以打造一個大氣壓力正切〔tangent〕圓柱體表面的轉軸，做為飛行器的元件），我所觀察到的模型輕微旋轉現象，是因為漏氣所致。儘管我是逐漸明白這項運作原理的，我仍然受到很大衝擊。

我因為罹患重病——說得更確切些，是被許多疑難雜症纏身，病情藥石罔效，連醫生都束手無策——差一點就無法完成在文實中學的學業。這段期間，我得到允准可以隨意閱讀，我從冷清的公立圖書館借書，館方還委託我分類館內圖書和編輯圖書目錄。有一天，圖書館交給我幾本全新的文學書籍，它們和我以前讀過的書都不一樣，我讀得渾然忘我，甚至忘了自己是個絕症病人。這些書是馬克·吐溫的早期作品，或許是拜它們所賜，我的病竟然奇蹟似地康復了。二十五年後，我見到了克雷門斯先生（馬克·吐溫本名為塞姆·朗赫恩·克雷門斯〔Samuel Langhorne Clemens〕），從此開始了我們兩人深厚的情誼，我把這段往事告訴他，看到這位大人物突然從開懷大笑轉變為嚎啕大哭，使我大為驚愕。

我後來在克羅埃西亞卡爾洛瓦茨（Karlovac）的一所高等文實中學繼續學業，因為有一位姑姑住在當地。她是一位氣質高雅的女士，姑丈官拜上校，曾參與許多戰役，是個沙場老將。我永遠忘不了寄住在他們家的三年時光，連戰時碉堡的軍紀都沒有他們家嚴苛。他們把我當金絲雀來餵養，每一餐都是用高檔食材烹調的美味料理，但在份量上絕對是百分之一千不夠我吃飽，姑姑切的火腿片就像衛生紙一樣薄。當上校把份量十足的食物夾到我的盤子中，姑姑就會把它們拿走，還激動地對姑丈說：「注意點，尼柯可是非常嬌貴的。」其實我的食欲奇大無比，卻成了希臘神話中的坦塔羅斯（Tantalus），飽受食物誘惑卻得不到滿足的折磨！

My Inventions

By Nikola Tesla

III. MY LATER ENDEAVORS

The Discovery of the Rotating Magnetic Field

AT the age of ten I entered the Real Gymnasium which was a new and fairly well equipt institution. In the department of physics were various models of classical scientific apparatus, electrical and mechanical. The demonstrations and experiments performed from time to time by the instructors fascinated me and were undoubtedly a powerful incentive to invention. I was also passionately fond of mathematical studies and often won the professor's praise for rapid calculation. This was due to my acquired facility of visualizing the figures and performing the operations, not in the usual intuitive manner, but as in actual life. Up to a certain degree of complexity it was absolutely the same to me whether I wrote the symbols on the board or conjured them before my mental vision. But free-hand drawing, to which many hours of the course were devoted, was an annoyance I could not endure. This was rather remarkable as most of the members of the family excelled in it. Perhaps my aversion was simply due to the predilection I found in undisturbed thought. Had it not been for a few exceptionally stupid boys, who could not do anything at all, my record would have been the worst. It was a serious handicap as under the then existing educational regime, drawing being obligatory, this deficiency threatened to spoil my whole career and my father had considerable trouble in railroading me from one class to another.

Nikola Tesla at 60. A Very Recent Portrait of the Great Inventor. An Excellent Likeness.

In the second year at that institution I became obsest with the idea of producing continuous motion thru steady air pressure. The pump incident, of which I have told, had set afire my youthful imagination and imprest me with the boundless possibilities of a vacuum. I grew frantic in my desire to harness this inexhaustible energy but for a long time I was groping in the dark. Finally, however, my endeavors crystallized in an invention which was to enable me to achieve what no other mortal ever attempted. Imagine a cylinder freely rotatable on two bearings and partly surrounded by a rectangular trough which fits it perfectly. The open side of the trough is closed by a partition so that the cylindrical segmer within the enclosure divides the latter into two compartments en tirely separated from each other by air-tight sliding joints. On of these compartments being sealed and once for all exhaustec the other remaining open, a perpetual rotation of the cylinde would result, at least, thought so. A woode model was constructed an fitted with infinite care an when I applied the pum on one side and actuall observed that there was tendency to turning, I wa delirious with joy. Me chanical flight was the on thing I wanted to accom plish altho still unde the discouraging recolle tion of a bad fall I su tained by jumping with a umbrella from the top c a building. Every day used to transport myse thru the air to dista regions but could not u derstand just how I ma aged to do it. Now I ha something concrete—a fl ing machine with nothir more than a rotating sha flapping wings, and— vacuum of unlimite power! From that time I made my daily aërial e cursions in a vehicle comfort and luxury might have befitted Ki Solomon. It took yea before I understood th the atmospheric pressu acted at right angles the surface of the cylind and that the slight rota effort I observed was d to a leak. Tho this know edge came gradually gave me a painful sho

I had hardly complet my course at the Real Gymnasium when I was prostrated with dangerous illness or rather, a score of them, and my condition b came so desperate that I was given up by physicians. During th period I was permitted to read constantly, obtaining books fr the Public Library which had been neglected and entrusted to for classification of the works and preparation of the catalogu One day I was handed a few volumes of new literature unli anything I had ever read before and so captivating as to ma me utterly forget my hopeless state. They were the earlier wor of Mark Twain and to them might have been due the miraculo recovery which followed. Twenty-five years later, when I m Mr. Clements and we formed a friendship between us, I t

Mr. Tesla's articles started in our February issue

儘管如此，我卻生活在充滿優雅氛圍和藝術品味的環境中，這樣的生活方式在當時的環境條件下格外顯得與眾不同：當地是地勢低窪的沼澤帶，我雖然服用了大量奎寧，瘧疾和高燒卻從未遠離我。有時候，河水高漲造成老鼠大軍大舉入侵民宅，啃食所有東西，連一串串辛辣的紅辣椒都照吃不誤。對我而言，這些有害動物反而成了我的新歡，供我消遣娛樂。我想出各式各樣方法要殲滅這些老鼠大軍，因而在社區裡博得了一個不怎麼討喜的「捕鼠者」封號。最後，我終於順利畢業，悲慘生活結束了！然而，領到了畢業證書，同時也把我帶到了人生的十字路口。

這些年來，我的父母從未動搖他們期望我繼承衣缽、成為牧師的決心，只要想到這件事，我就惶惶不安、萬分恐懼。在學校物理老師的啟發影響下，我開始對電學產生濃厚興趣，他頭腦聰明充滿創意，常常在課堂上用自己發明的東西向我們示範解說物理定律。我記得其中一個物件是可以自由旋轉的燈泡，外面包覆一層錫紙，只要接上靜電起電機，它就會快速旋轉。看著物理老師展示這些神祕現象，我胸中的澎湃激動實在難以用筆墨形容。每一次所見都會在我內心深處迴響千百次，我想要對這個神奇的力量有更多認識，我渴望進行實驗和研究，卻只能任由自己受那不可逃脫的命運擺布而心碎。

在我即將啟程踏上返鄉的漫漫長路時，卻接到來自父親的口信，他希望我返家前先做一次狩獵旅行。這是一個很奇怪的要求，因為他向來強烈反對這一類活動。幾天後，我終於知道事情原委，原來老家爆發嚴重霍亂，我違背父母意願乘機回到戈斯皮奇。令人難以置信的是，我發現當地民眾對於這個每隔十五到二十年就捲土重來的傳染病發病原因有多麼無知。他們認為致命的病原是經由空氣傳播，還伴隨著熏天的刺鼻臭味和煙霧，卻繼續飲用受到汙染的水，造成大量死亡。

返家當日我就感染了霍亂，雖然倖存了下來，但是有九個月的時間都病懨懨地躺在床上，幾乎無法行動。我的身體沒有一點力氣，這是我第二次在鬼門關前徘徊。有一次，醫生做出沉重的宣判，說我的病已經回天乏術，爸爸馬上衝進我的房間，我至今仍然清楚記得當時他故作堅強為我打氣時的蒼白臉孔。

「或許吧，」我說，「如果你同意讓我去念工程科系，我也許會好起來。」「你會進全世界最好的科技大學就讀。」父親正色說道。我知道他是認真的，我心中的大石終於落地了。

最後，靠著一劑特效藥，服用某種特殊豆子煎煮的苦口藥汁，我奇蹟式地康復了，否則父親的允諾就來得太遲了。我就像《聖經》裡的拉撒路（Lazarus，《聖經》中的人物，死後被耶穌救活）一樣死而復活，讓每個人都大吃一驚。

父親堅持我必須先用一年時間展開有益的戶外運動，來強健自己的體魄，我勉為其難接受了。在這一年裡，我大部分時間都是一身獵人裝扮，隨身帶著一綑書穿行於群山之間，我的身心在大自然的洗禮下愈來愈強壯。我依舊繼續我的思索和計畫，照例想出了許多不切實際的點子。我可以在腦海中清楚勾勒構思的發明，但卻受限於有限的科學原理知識。我的一個發明構想是把信件和包裹裝在可抗海水壓力的球形集裝箱裡，透過海底通道運送。至於負責把海水推送到海底通道的抽水站，我也做了精確的計算和設計，其他細節也一併仔細地思考和解決，只有一個無關緊要的瑣碎細節被我略去。我假定海水的流速是一個任意值，我甚至隨自己高興選用了一個高速值去計算，結果得出無懈可擊的計算結果，表現驚人。但是，我後來在思索海底通道對於水流的阻力時卡住了，決定放手這項發明。

我的另一個計畫是打造一個繞行赤道的環狀裝置，它理當會在太空中自由懸浮，藉著自轉所產生的反作用力得以固定繞行，以每小時約一千英里（一英里約一・六〇九公里）的速度運行，這是鐵道做不到的。各位讀者肯定會笑我異想天開，我承認這個計畫確實窒礙難行，但是比起一位知名紐約教授的構想，還不至於太糟，他打算把熱帶的空氣抽送到溫帶去，完全忘了上帝早已提供了一部巨型機器遂其所願（相關論述請參閱本書一二九頁）。

我另外一個更重要也更有吸引力的構想，就是從地球自轉動能中獲取能量。我發現由於地球的自轉，地表上物體的運動方向在平移運動（translatory movement）與反向運動中交互進行。這種現象會造成動量的巨大變化，因此，凡有人居的地方，我們都能夠利用這種變化來提供動力。後來，當我知道自己也落入和阿基米德一樣的窘境時——他曾試圖在宇宙中尋找一個支點卻徒勞無功，我的失望難以言喻！

交流電發電機勾勒成型

一年的身體調養期結束之後，我被父親送到奧地利史泰利亞邦（Styria）的格拉茲（Graz）理工學院就讀，他為我精挑細選了這所歷史悠久、聲譽卓著的大學。這是我期待已久的時刻，在充裕獎學金的資助下，開始我的大學學業，我下定決心一定要在課業上有傑出表現。拜父親的教導和諸多機會所賜，我的學習底子優於一般學生。進入大學之前，我已經學會多國語言，也啃讀了不同圖書館的藏書，多多少少汲取了有用的資訊。另外，這是我第一次可以選擇喜歡的科系就讀，所以畫圖再也不會成為我的困擾。

我立志要給父母親一個驚喜，所以第一學年我每天從清晨三點一直讀到深夜十一點不間斷，連星期假日都不放鬆片刻。由於同學們抱著學而不思的鬆散學習態度，我的學業成績自然技壓群雄。第一年結束，我通過九科考試，教授們認為我的表現值得給予超越滿級分的嘉獎。我帶著這張獲得褒揚的成績單回家，在短暫休息過後，我滿心期待著能贏得父親的稱讚，但是看到父親對於我拚了命博得的榮譽一點都不在意的時候，我深感受傷，這件事幾乎扼殺了我的鬥志和雄心。但是父親死後，我發現了一疊信件，全是學校教授寄來的，信上說除非父親把我帶離學校，否則我會因為用功過度而沒命，看完後，我悲痛難抑。

此後，我全神貫注在物理學、力學和數學上，閒暇時間都泡在圖書館裡。我的習慣是只要開始做一件事情，一定會有始有終，因此常常給自己招來難題。有一次，我開始閱讀伏爾泰（Voltaire）的著作，看到有將近一百卷用小字印刷的皇皇巨著正等待著我去讀，令我驚慌——這個怪物每天喝七十二杯黑咖啡支撐自己寫作！我下定決心一定要全部讀完，但當我放下最後一本伏爾泰的作品時，感到無比暢快，說：「結束了！」

我第一年的表現贏得了教授們對我的欣賞，也與他們建立起情誼。包括了：羅格納教授，教授算術和幾何學；包施爾教授，教授理論及實驗物理學；奧勒博士，教授積分，專長在積分方程式，這位科學家的講課是我聽過最精彩的一位。奧勒博士特別關心我在學業上的進展，經常會在下課後留一、二個小時給我，出題讓我解答，我很樂意接受這樣的安排。我跟他解釋我的飛行器構想，這項發明是建立在合理的科學原理上，不是天馬行空的幻想，我設計的渦輪機已經讓這部飛行器成真，很快就會展現在世人眼前。羅格納和包施爾兩位教授都是求知欲旺盛的學者：羅格納教授的自我表達方式很奇特，每次都會引起一陣騷動，然後是一段長長的沉默和尷尬；包施爾教授是一位有條不紊、絕對理智的德國人，他有和熊掌一樣巨大的雙手雙腳，但他的實驗都被精準無誤的執行，展現如鎖芯般精密的高超精準技巧，沒有一點閃失。

在校第二年，學校收到一部來自法國巴黎的格拉姆發電機（Gramoe Dyname），它有一個馬蹄鐵狀的層壓式場磁鐵，以及一個裝有整流器的繞線電樞。通電之後，這部機器展現了各種不同的電流效應。包施爾教授在示範時，把它當作馬達在操作，結果電刷出現故障，火花亂竄，我在一旁觀察發現：沒有這些裝置，馬達仍有可能運轉。包施爾教授宣稱不可能，並且請我就這個主題上臺報告，他最後在做總結時如此說道：「特斯拉先生也許會有了不起的成就，但可以肯定的是他永遠不會去實踐這個構想。這麼做無異是改變一個穩定的拉力，猶如把重力轉變成旋轉力，這是一個永動機的概念，不可能成功。」但是，直覺超越知識，當邏輯推論或是其他想出來的方法都沒有用的時候，無疑的，我們大腦裡某些奇妙的神經纖維會驅策我們去發現真理。有一段時間，我迫於教授的權威而猶疑不定，但是我很快就相信自己是對的，然後傾注所有熱情和年輕人的無窮信心，擁抱這個不可能的任務。

首先，我在心中勾勒出一部直流電發電機，使之啟動運轉後，緊盯觀察電樞電流的變化。然後，我會另外想像一部交流電發電機，觀察在相同情況下其運作過程。接下來，我則勾畫想像馬達與發電機兩種系統，並用各種方式測試其運作情況。我心眼所見的圖像對我而言是如此全然真實，具體可觸。我在格拉茲的理工學院的剩餘時光都在全心鑽研這個問題，直到離校前依舊毫無斬獲，我差一點就要舉白旗投降，宣判這個問題無解。

一八八〇年，我帶著父親的期望前往波希米亞的布拉格市，在那裡繼續我的大學教育，並且做了一個果斷決定，繼續未竟的實驗，其中包含拆除發電機的整流器，觀察接下來會發生什麼現象，結果依舊徒勞無功。在接下來的一年裡，我對人生的看法出現了急遽變化。我知道父母親為了供應我在經濟上的需要做出了重大犧牲，因而決定要卸下他們的重擔。當時美國裝設電話的風潮剛傳到歐洲，匈牙利決定要在布達佩斯裝設電話系統。一個大好機會出現了，尤其與我們家族熟識的一個友人，恰巧就是匈牙利一家電話公司的負責人。我在前文曾提及，我在布拉格期間罹患了嚴重的神經衰弱。

我在病中的經歷簡直令人匪夷所思！我一直有異於常人的超凡視力與聽力，我可以在其他人都已經看不到、聽不見的距離外，依舊能清楚聽辨。我記得，我小時候有好幾次聽到從鄰居家中傳來微弱的爆裂聲響，屋主卻依舊呼呼大睡，我只好大聲呼救，救了鄰居免遭祝融之災。

一八九九年，我四十多歲，在美國科羅拉多州繼續我的實驗，我可以清楚聽到五百五十英里外打雷的聲音，我的年輕助理頂多聽到一百五十英里，換言之，我的聽力比他靈敏三倍有餘——然而，比起我神經衰弱期間的敏銳聽力，此時的聽力簡直是小巫見大巫，可以說是耳聾級的程度。我在布達佩斯的那段期間，可以聽見三個房間距離外的手錶滴答聲；一隻蒼蠅飛落在房中桌上，在我聽來就像是砰砰的重擊悶響。幾英里外馬車經過的聲音，會使我全身顫動；二、三十英里外的火車汽笛聲，會讓我坐的板凳或椅子劇烈晃動，使我承擔難以忍受的痛苦。我腳下的地面會震個不停；我必須把床放在緩衝橡皮墊上，才能獲得休息。我如果無法分辨這些來自四面八方的嘈雜聲究竟是什麼，我就會產生幻聽心生恐懼。時亮時暗的陽光會嚴重衝擊我的腦部，使我暈厥過去。當我行經橋下或其他建物下方，會覺得有股巨大壓力壟罩在頭上，必須用最大的意志力才能通過。在黑暗中，我的感官敏銳如蝙蝠，我的前額有一種獨特的感知力，當它發癢時，我就知道十二英尺外（一英尺約三〇・四八公分）有東西出沒。我的脈博變化可以從每分鐘只有跳幾下飆高到兩百六十下，造成體內器官與組織的抽搐和震顫，這恐怕是最難忍受的身體折磨。我曾求診一位內科名醫，他開立大量溴化鉀鎮靜劑讓我每天服用，但仍宣告我得的是無藥可醫的罕見疾病。

我這輩子最大的遺憾，就是當時沒有求診生理及心理學專家。我拚了命想要活下來，卻從未奢望自己能完全康復。誰會相信一個身體如此孱弱的絕症病人，可以蛻變成一個具有驚人體魄和頑強意志的人，能夠工作三十八年不輟，幾乎沒有一天休息，身體和心智卻依舊強健、生氣勃發？我就是活生生的例子。我有強大的求生意志，我渴望繼續自己的研究工作，在一個運動家摯友的全力幫助下，奇妙的事發生了，我的身體恢復健康，心智依然敏捷。當我重新投身於中斷的研究，卻發現自己的奮戰竟然這麼快就結束了，反而感到有些悵然——我還有許多精力無處可用。我當初接下這個不可能的挑戰，不是抱著平常的決心，對我來說，這是一個神聖的誓言，是一場攸關生與死的求索。我深知，一旦我失敗了，我的生命活力也會隨之枯竭凋萎。如今，我打贏了這場戰役。答案其實早就在我大腦深處的某個隱蔽角落，已經呼之欲出，只差臨門一腳。

我永遠記得那天下午，我和一位朋友正在城市公園享受散步詠詩的愜意，我那時候可以把整本書一字不漏地熟記在心，其中一本就是歌德的小說《浮士德》（*Faust*），夕陽才剛西沉，我不禁聯想起書中一節絕美詩句：

太陽西沉，退隱，白晝就此完結，
它匆匆離去，去催促新的生命。
哦，竟沒有翅膀把我從地面升起，
永遠永遠去把她追隨！
正值她將逝未逝之際，我做了一個美夢。
唉，怎奈任何肉體的翅膀都不容易同精神的翅膀結伴而飛。
（譯文摘自：《世界經典文學名著：浮士德》，歌德著，綠原譯，臺北：光復書局，一九九八年）

當我朗讀這些振奮人心的詩句，靈感如電光石火般湧現，真理瞬間揭露。我立刻拿起一根枝條在沙地上畫出心中浮現的設計圖——六年後，我在美國電機工程師學會發表演講時公開了這張圖——身旁的友人完全理解我在畫什麼。我看到的影像是如此銳利清晰、堅實如金石，我告訴友人：「你看，這裡是馬達；注意看，我要將它反

him of the experience and was amazed to see that great man of laughter burst into tears.

My studies were continued at the higher Real Gymnasium in Carlstadt, Croatia, where one of my aunts resided. She was a distinguished lady, the wife of a Colonel who was an old war-horse having participated in many battles. I never can forget the three years I past at their home. No fortress in time of war was under a more rigid discipline. I was fed like a canary bird. All the meals were of the highest quality and deliciously prepared but short in quantity by a thousand percent. The slices of ham cut by my aunt were like tissue paper. When the Colonel would put something substantial on my plate she would snatch it away and say excitedly to him: "Be careful, Niko is very delicate." I had a voracious appetite and suffered like Tantalus. But I lived in an atmosphere of refinement and artistic taste quite unusual for those times and conditions. The land was low and marshy and malaria fever never left me while there despite of the enormous amounts of quinin I consumed. Occasionally the river would rise and drive an army of rats into the buildings, devouring everything even to the bundles of the fierce paprika. These pests were to me a welcome diversion. I thinned their ranks by all sorts of means, which won me the unenviable distinction of rat-catcher in the community. At last, however, my course was completed, the misery ended, and I obtained the certificate of maturity which brought me to the cross-roads.

THIS installment, no doubt the most interesting of the three published so far, reveals many extraordinary occurrences and experiences in the world's greatest inventor's life—experiences such as do not fall to the lot of ordinary mortals. And Tesla, the many sided, aside of inventing, knows the rare art of painting word-pictures. He does so here in a masterly fashion. He tells us how he finally conceived the induction motor—perhaps his greatest discovery—the invention which changed the face of the globe, the invention which made possible the street car, the subway, the electric train, power transmission, the harnessing of water falls and countless others. But let Tesla tell you himself how it all came about. It is a classic worth reading.
EDITOR.

During all those years my parents never wavered in their resolve to make me embrace the clergy, the mere thought of which filled me with dread. I had become intensely interested in electricity under the stimulating influence of my Professor of Physics, who was an ingenious man and often demonstrated the principles by apparatus of his own invention. Among these I recall a device in the shape of a freely rotatable bulb, with tinfoil coatings, which was made to spin rapidly when connected to a static machine. It is impossible for me to convey an adequate idea of the intensity of feeling I experienced in witnessing his exhibitions of these mysterious phenomena. Every impression produced a thousand echoes in my mind. I wanted to know more of this wonderful force; I longed for experiment and investigation and resigned myself to the inevitable with aching heart.

Just as I was making ready for the long journey home I received word that my father wished me to go on a shooting expedition. It was a strange request as he had been always strenuously opposed to this kind of sport. But a few days later I learned that the cholera was raging in that district and, taking advantage of an opportunity, I returned to Gospic in disregard of my parents' wishes. It is incredible how absolutely ignorant people were as to the causes of this scourge which visited the country in intervals of from fifteen to twenty years. They thought that the deadly agents were transmitted thru the air and filled it with pungent odors and smoke. In the meantime they drank the infected water and died in heaps. I contracted the awful disease on the very day of my arrival and altho surviving the crisis, I was confined to bed for nine months with scarcely any ability to move. My energy was completely exhausted and for the second time I found myself at death's door. In one of the sinking spells which was thought to be the last, my father rushed into the room. I still see his pallid face as he tried to cheer me in tones belying his assurance. "Perhaps," I said, "I may get well if you will let me study engineering." "You will go to the best technical institution in the world," he solemnly replied, and I knew that he meant it. A heavy weight was lifted from my mind but the relief would have come too late had it not been for a marvelous cure brought about thru a bitter decoction of a peculiar bean. I came to life like another Lazarus to the utter amazement of everybody. My father insisted that I spend a year in healthful physical outdoor exercises to which I reluctantly consented. For most of this term I roamed in the mountains, loaded with a hunter's outfit and a bundle of books, and this contact with nature made me stronger in body as well as in mind. I thought and planned, and conceived many ideas almost as a rule delusive. The vision was clear enough but the knowledge of principles was very limited. In one of my inventions I proposed to convey letters and packages across the seas, thru a submarine tube, in spherical containers of sufficient strength to resist the hydraulic pressure. The pumping plant, intended to force the water thru the tube, was accurately figured and designed and all other particulars carefully worked out. Only one trifling detail, of no consequence, was lightly dismist. I assumed an arbitrary velocity of the water and, what is more, took pleasure in making it high, thus arriving at a stupendous performance supported by faultless calculations. Subsequent reflections, however, on the resistance of pipes to fluid flow determined me to make this invention public property.

Another one of my projects was to construct a ring around the equator which would, of course, float freely and could be arrested in its spinning motion by reactionary forces, thus enabling

(Continued on page 905)

Tesla's First Induction Motor. This Historic Model Is One of the Two First Presented Before the American Institute of Electrical Engineers.

WHAT IS THE INDUCTION MOTOR?

The induction motor operates on alternating current. It has no commutator like a direct current motor, nor slip rings like an alternating current motor. Contrary to the two types just cited the "field" current is not steady, but the current itself rotates constantly pulling around with it—by induction—the only moving part of the motor—the rotor—or armature. Having no armature nor slip rings, the induction motor never sparks. It consequently knows no "brush" trouble. It needs no attention because of its ruggedness. Only the bearings wear out. Its efficiency too is higher. On account of all this the induction motor is used in a prepondering proportion in street cars, electric trains, factories, etc.

轉。」我按捺不住心中的激動，滔滔不絕說了起來。皮格馬利翁（Pygmalion）看到親手雕刻的美麗少女「葛拉蒂亞」（Galatea）竟然有了生命時的驚喜，也難與我此時的激動難抑相比。我或許無意間發現了一千個大自然奧祕，但是我願意用它們換取我的這項發明，它是我排除萬難用生命換來的嘔心瀝血之作。

▌特斯拉的第一臺感應電動機。

Chapter 4

開發安全的高壓低電流交流電——發明特斯拉線圈和變壓器

我終於有機會開發自己夢寐以求的馬達設計，但是當我向新合夥人提出我的計畫時，他們的回答是：「不行，我們要弧光燈。我們才不在乎你的交流電。」

有一段時間，我完全沉浸於勾勒想像機器與設計不同新機所帶來的巨大喜悅當中，這是我人生心靈狀態臻於最幸福圓滿的時期。新點子源源不絕湧現，我唯一的難題就是想辦法盡快抓牢它們。每部機器的每個元件的每個細節，在我的想像中都是如此真實可觸，甚至連細微的斑點與磨損痕跡也清晰可見。我喜歡想像著馬達運轉不輟，因為我的心靈之眼從中看到了更多引人入勝的景象。當一個人的興趣喜好發展成為熾熱的渴望，他就像是穿著七里格靴（seven-league boots，傳說中，穿著七里格靴者一步可跨出七里格，一里格約今天的五・五五六公里）大步朝著目標前進。我用不到兩個月的時間，發展及改良了幾乎所有現在以我的名字來命名的馬達和系統。

或許是出於天意，迫於生計的我不得不暫時停止這種大量消耗心神的活動。在看了一份關於電話產業的粗略報告後，我受到吸引來到了布達佩斯，彷彿是命運決意捉弄，我只能接受匈牙利政府中央電報局提供的製圖員職務，這是有給職，至於薪水的數字容我保密。我很幸運，獲得了總督導的賞識，轉去從事與新設備相關的數據計算、設計和評價業務，直到電話局成立之後，我在新單位仍主掌相關業務。從這份工作中汲取到的知識和實務經驗使我獲益良多，也給了我許多機會讓我施展發明才賦。此外，我還改善了中央電話局（Central Telephone Office）的設備，完善了一個電話中繼器（放大器），這項產品從未申請專利也從未對外公開，但終會歸功於我，我到今天依然如此相信。這家公司的負責人費蘭奇・普斯卡茲（Trivadar Puskás）先生看出我輔助有功，在出售公司後，他提供我前往巴黎工作的機會，我欣然接受了（普斯卡茲寫了一封推薦信，特斯拉於一八八二年進入位在巴黎的歐陸愛迪生公司〔Continental Edison Company〕）。

巴黎愛迪生公司施展才賦

巴黎是個充滿魅力的城市，使我印象深刻永誌難忘。初抵巴黎的頭幾天，我穿行於大街小巷間，美不勝收的花都風情讓我耳目一新，把我給徹底迷住了。巴黎充滿許多令我無法抗拒的魅力事物，唉！也讓我的荷包大失血，薪水才剛到手，就馬上花光光。普斯卡茲先生關心我的近況，問我在這裡過得如何？我如實無誤地回答：「每個月的最後二十九天是最難挨的日子！」我在巴黎過著克勤耐勞的生活，套句現在的話來說，就是走「羅斯福風」（Rooseveltian fashion，老羅斯福總統於一八九九年發表的演講〈勤奮堅毅〉，勉勵當時的美國人奮發向上生活，這也是他自己一生的寫照）。

每天早上，我風雨無阻地從住處聖馬塞爾大道走到塞納河畔一家澡堂，跳進水中來回游二十七次，然後更衣離開，步行一個小時到伊夫里（Ivry），公司的工廠所在地。我會在七點半吃一頓可以讓樵夫吃飽的份量十足早餐，接下來便滿心期待著午餐的到來，也邊為查爾斯•巴奇勒經理解決棘手問題，他是愛迪生的好友兼助理。

我在這裡結識了一些美國人，因為我對撞球非常在行，所以他們很喜歡跟我打成一片。我跟他們解釋我的發明，其中機械部門組長康寧漢先生建議我成立一家股份公司。我覺得他的提議很荒謬可笑，我對成立公司一點概念都沒有，除非這就是美國人的行事作風。這件事後來便不了了之，接下來的幾個月，公司派我出差，我在法國和德國不同的發電廠間來回奔波，協助解決問題。一回到巴黎，我就交了一份改善計畫書給高層主管勞先生，建議改善電廠的直流發電機，他接受了建議並交由我去執行。我圓滿達成任務後，領導高層十分開心，給了我開發公司寄予厚望的自動調節器的殊榮。不久，德國史特拉斯堡市新火車站的照明設施發生故障，當時德皇威廉一世正在新站啟用典禮上致詞，由於電線瑕疵造成短路，大片牆面被燒毀。德國政府拒絕驗收照明設施，法國承包商勢將面臨鉅額損失，公司看中我通曉德語以及過去的傑出表現，派我去解決這個燙手山芋，於是我在一八八三年初銜命前往史特拉斯堡市。

史特拉斯堡的德式經歷

我在史特拉斯堡的一些經歷，已深印在腦海裡無法抹滅。那時候，許多人前仆後繼來到這座城市，巧的是他們後來相繼功成名就，名揚四海，令人稱奇。我後來常說：「在那座古老的城市裡，瀰漫著一種使人偉大的細菌。其他人都感染了這種病，唯獨我是漏網之魚。」那時候，我被忙不完的工作、通信與官員開會等搞得沒日沒夜。不過，一旦能夠應付得過來，我就開始在火車站對面租來的機械工作室組裝一個簡單的馬達，我從巴黎隨身帶了一些零件過來，就是為了在此時派上用場。

這次實驗的最高潮姍姍來遲，我終於在那年夏季看見了在沒有滑動電接頭或是整流器的狀況下，交流電在不同相位所展現的旋轉效應，與我在一年前的構思若合符節，我很滿意這樣的成果。那種滿足的確讓我感受到巨大的喜悅，但是比起我第一次發現這個奧祕時那種令我癲狂的喜悅，仍是不可同日而語。

我在德國結識了一些新朋友，其中一位是史特拉斯堡市前市長鮑金先生，我曾跟他介紹上述發明和我的其他發明，積極爭取他的支持。他是真心誠意傾全力幫助我，他曾把我的計畫推銷給一些有錢富豪，但沒有得到任何回音，讓我備感屈辱。他希望能透過各種方式全力幫助我，一九一九年七月一日那天，我恰好憶及從這位迷人風趣的前市長身上得到的「幫助」之一，雖然不是財務上的援助，我對他依舊滿懷感激。

一八七〇年德國入侵法國時，鮑金先生已經先把一大批聖埃斯特菲（St. Estephe）出產的一八〇一年份紅酒埋藏好，後來他很肯定地跟我說，那些比我富有的人中無人有幸喝到這批珍貴的紅酒。我的朋友催逼我盡快回到法國，尋求當地的支持。我自己也急著想要快點回去，但是我在史特拉斯堡的工作和談判因為碰上各種芝麻瑣事而受到耽擱，短期內要回到法國看來是無望了。

為了讓大家了解德國的嚴謹和「效率」，我要說我自己一個非常有趣的經歷。

有一次，我們打算在走廊安裝一支十六燭光的白熾燈泡，我擇定好適合的安裝位置後，便吩咐水電工去拉線。開始後沒多久，他說要跟工程師商量，於是我們把工程師找來。工程師幾經反對後，終於同意選擇在我指定處兩英寸遠的地方裝設燈泡，安裝工作接著開始進行。之後，他突然變得憂心忡忡，告訴我說應該要通知艾佛德克督察。這個重要人物到達之後，又經過一番檢視和討論，決定燈泡應該要再往後移動兩英寸，就是我原來選定的位置。沒過多久，艾佛德克臨陣退縮了，他告訴我他已經知會資深督察希羅尼穆斯，我最好再等等他的決定。這位資深督察從百忙中抽身前來，已經是好幾天後的事了。無論如何，他終究還是來了，經過兩個小時的討論後，他決定把燈泡再移動個兩英寸。我希望這已經是拍板定案，可是當這位資深督察折回時，我知道我的期望落空了，他跟我說：「樊克政委是個吹毛求疵的人，沒有得到他的允准，我不敢造次下令安裝這個燈泡。」於是，我們安排日期恭迎這位大人物的蒞臨指導。當天，我們全體動員，一大早就起來開始大掃除，每一個人都梳洗乾淨儀容整齊，我還戴上手套，隆重歡迎樊克與他的隨扈駕臨。經過兩個小時的深思熟慮，他突然宣布：「我必須先離開。」然後指向天花板某處，命令我把燈泡裝在那裡，那個地方正是我最初擇定的位置。

日子就在這種應付德國人變化無常的生活中一天天過去，但是我決意不計任何代價一定要使命必達。我的努力終於有了回報！一八八四年春天，雙方所有歧見終於塵埃落定，德方正式驗收無誤後，我懷著興奮又期待的心情回到巴黎。公司一位高層曾允諾我，只要我能成功完成任務就給我一筆優渥的獎金，也會一併把我之前成功改善電廠發電機的表現考量進來，而我想要知道確切的金額。事關三位高層，基於方便起見，我姑且稱他們為A、B和C。我找了A，他告訴我B才有實權；我去找了B，這位溫文爾雅的紳士認為只有C才能決定；而C很確定只有A有這個權力定奪。經過幾次徒勞無功的兜轉詢問，我終於覺悟到我的獎金只是空中樓閣，籌措研發資金的努力徹底失敗後，我再次品嘗到失望的滋味。

所以，當巴奇勒先生敦促我前往美國發展，重新設計愛迪生發明的機器時，我決定到這個金色應許之地試試我的運氣。不過，我差點錯失這次機會。決定赴美發展後，我把在巴黎的微薄資產變現，事先訂好火車與橫渡大西洋客輪的座票，但當我抵達車站時，卻眼睜睜看著火車正緩緩駛離；而且就在當下，我驚覺我的錢和車票全都不翼而飛了！我該怎麼辦？希臘神話中的大力士海克力斯有充分時間可以好好思索做出攸關日後命運的抉擇，但是我必須立刻做出決定，我邊追著火車跑，矛盾掙扎的心情同時在心中天人交戰，猶如電流在電容器裡劇烈振盪。

我靈機一動，決心在這個緊要關頭勝出，在經歷了這一連串尋常瑣碎又不甚愉快的遭遇後，想方設法搭船前往紐約（特斯拉決定跳上火車，用口袋中僅剩的微薄零錢支付火車票，當他來到港口經過協商，船公司主管確定開船前無人占據其預訂的座艙後，准許他登船）。我帶著僅有剩餘的「財產」——我自己寫的一些詩和文章，還有一疊計算手稿，包含了一道待解的數學積分問題，以及我設計的飛行器的計算出發。航行途中，我大部分時間就坐在船尾，隨時保持警戒——萬一有人落海我可以即時搶救，免其葬身海底，但卻一點都沒有顧及自己的安危。這些年來，在美國人務實習性的潛移默化下，一回想起那一幕，我便對自己的行為感到不寒而慄，驚訝於自己的愚蠢。

飄洋過海到紐約——應許之地

我希望能用文字表達出我對美國的第一印象。在阿拉伯故事集裡，我讀到精靈如何把人們送到夢幻世界，經歷一連串令人興奮的奇遇之旅；但我的經歷剛好相反，精靈把我從夢幻世界帶回到真實的世界。

我離開了一個在各方面都洋溢著美麗、藝術和迷人氛圍的國家；在這裡所看到的卻是截然不同的景象，機械化、粗獷，沒有一點魅力。一個高大魁梧的警察轉動著他的警棍，在我看來就像是揮動著一根巨大圓木。我畢恭畢敬地朝他走去，向他問路。「往下走六個街區，然後左轉。」他答道，凶惡的眼神像是要把我殺了。眼前所見完全出乎意料讓我十分苦惱，不禁自問：「這就是美國嗎？這個國家的文明程度遠遠落後歐洲一百年啊！」我於一八八九年飄洋過海來到這裡，五年時間過去，我深信美國要比歐洲領先一百年，直到今天還沒有任何事情足以動搖我的信念。

我與愛迪生的會面，是人生中值得紀念的重大時刻。在得知這位無比非凡的人物在沒有先天優勢和科學訓練的背景下能有如此豐碩的成就，著實令我驚訝。我會十二國語言，鑽研文學和藝術，還把人生中最好的時光都泡在圖書館裡博覽群書，從牛頓的著作《原理》（*Principia*）到保羅・科克（Paul de Kock）的小說無所不讀，當下覺得我人生大部分時光都白白浪費了，但是，我很快就體認到那些可能是我所做的最正確的事。幾星期內，我就贏得了愛迪生的信任，事情經過且聽我娓娓道來。

奧瑞岡號（S. S. Oregon）是當時速度最快的客輪，因為船上兩具照明用發電機發生故障，造成出航延宕。由於上層船艙是在發電機安裝好之後才打造的，根本無法在船機一體的情況下把它們取下維修，狀況非常棘手，愛迪生因而十分苦惱。我帶著所需器材於傍晚時分登上客輪，熬夜趕工維修。發電機受損非常嚴重，有幾處短路造成電流中斷，多虧船員們的協助，我成功地把發電機全部修復好。

凌晨五點，我走在紐約第五大道準備返回公司時，碰到了愛迪生與巴奇勒等一行人正要回家休息。「這不是我們的巴黎人嗎？看來他整夜都在外面遊蕩。」愛迪生說道。當我告訴他我剛從奧瑞岡號離開，把兩部故障的機器都修好後，他默默地看著我，然後不發一語地離去。不過，在他走遠後，我聽到他說：「巴奇勒，那個傢伙非常厲害。」從那時候起，我可以全權掌控自己的工作。

有將近一年的時間，我每天過著從上午十點半一直工作到隔日清晨五點的生活，沒有一天例外。愛迪生告訴我：「我有許多助手在工作上都很賣力，而你是最拚命的一個。」這段期間，我設計了二十四種不同型號的標準型機器來取代舊機，每一種機器都配備有短磁芯和統一的結構。經營者答應我只要完成任務就給我一筆五萬美元的獎金，結果證明這只是一場惡作劇。這件事讓我大受衝擊，憤而選擇辭職離開。

有幾個人隨即向我提出成立一家以我名字命名的弧光燈公司的計畫，我接受了。我終於有機會開發自己夢寐以求的馬達設計，但是當我向新合夥人提出我的計畫時，他們的回答是：「不行，我們要弧光燈。我們才不在乎你的交流電。」一八八六年，我設計發明的弧光燈完美極了，得到工廠採用，也獲得市府採購做為城市照明。我終於自由了，但是除了拿到一張雕刻精美、純然紙上富貴的股票憑證，我兩袖清風離開了這家公司。接下來，我有一段時間處於極端不適應新環境的掙扎狀態。所幸，機會終於來了，一八八七年四月特斯拉電氣公司（Tesla Electric Company）正式成立，有一間實驗室和必需設施。我在新公司把想像中的馬達如實打造，我無意進一步改良設計，只是把腦中新看見的馬達樣貌一五一十呈現，操作結果始終與我預期的一樣。

一八八八年上半年，我和西屋電器（Westinghouse Company）達成協議，由其大量生產我設計的馬達。不過，還是有一些棘手的問題有待克服。我的馬達是為低頻電流而設計，西屋的專家為了確保自家產品在變壓上的優勢，一直採用一三三赫茲，他們不想拿掉自家裝置的標準設計，所以我接下來必須聚焦於調整馬達設計，以因應這些新的變化。此外，我必須在一三三赫茲基礎上，另行設計一種能維持高效率的新式雙線馬達，但這不是一件簡單的任務。

一八八九年尾，我辭掉西屋的工作，離開匹茲堡回到紐約，重回格蘭特大街實驗室後，立即開始著手設計高頻馬達。我要解決的問題是在一個未知的領域，面對這些全新的獨特挑戰，我在過程中碰到了許多難題。我放棄電感類型（inductor type），唯恐它無法產生理想的正弦波（sine waves），這對共振（諧振）作用（resonant action）很重要。如果不是因為這個原因，可以省下很多心力和時間。高頻交流發電機另外一個令人氣餒的缺點是速度不穩定，這會嚴重限制它的應用。我之前在美國電機工程師學會操作示範時，已經注意到有幾次調諧（tune）消失不見，必須重新調整設計，但那時候我還未預見到這種機器的運行速度必須保持恆定，亦即速度變化不能超過一個週波的極小範圍，我在很久後才發現這項運作原理。

基於諸多不同考量，發明一個可以產生電流振盪的簡單裝置，似乎比重新設計一個高頻交流發電機來得更理想。一八五六年克耳文爵士（Lord Kelvin）提出了電容器放電（condenser discharge）理論，但截至當時還沒有任何相關的實際應用出現，我看出了這個理論的潛力，於是在此原理基礎上著手開發感應裝置。

我的實驗進展快速，在一八九一年一場演講中展示我的發明，我利用一只線圈製造出長五英寸的放電火花。我也在演講中向臺下的工程師聽眾坦承，新方法有個變壓方面的缺失，我稱之為「火花隙損耗」（the loss in the spark gap）。我的後續研究在在顯示，不論使用哪種介質，空氣、氫氣、汞蒸氣、石油或是電子束，輸電效率都一樣，這個定律與機械能量轉換律很像。我們可以把物體從高處垂直落下，或是沿著任何一個彎曲路徑把它帶到低處，從各項研究結果來看，無論是哪種方式能量轉換效率都一樣。所幸，這個瑕疵不會造成嚴重影響，只要適當分配共振（諧振）線路，百分之八十五的輸電效率是可達成的。

從我第一次對外公開這項發明以來，如今已在全球各地獲得廣泛使用，而且在許

▎特斯拉線圈。

My Inventions

By Nikola Tesla

IV. The Discovery of the Tesla Coil and Transformer

FOR a while I gave myself up entirely to the intense enjoyment of picturing machines and devising new forms. It was a mental state of happiness about as complete as I have ever known in life. Ideas came in an uninterrupted stream and the only difficulty I had was to hold them fast. The pieces of apparatus I conceived were to me absolutely real and tangible in every detail, even to the minutest marks and signs of wear. I delighted in imagining the motors constantly running, for in this way they presented to the mind's eye a more fascinating sight. When natural inclination develops into a passionate desire, one advances towards his goal in seven-league boots. In less than two months I evolved virtually all the types of motors and modifications of the system which are now identified with my name. It was, perhaps, providential that the necessities of existence commanded a temporary halt to this consuming activity of the mind. I came to Budapest prompted by a premature report concerning the telephone enterprise and, as irony of fate willed it, I had to accept a position as draftsman in the Central Telegraph Office of the Hungarian Government at a salary which I deem it my privilege not to disclose! Fortunately, I soon won the interest of the Inspector-in-Chief and was thereafter employed on calculations, designs and estimates in connection with new installations, until the Telephone Exchange was started, when I took charge of the same. The knowledge and practical experience I gained in the course of this work was most valuable and the employment gave me ample opportunities for the exercise of my inventive faculties. I made several improvements in the Central Station apparatus and perfected a telephone repeater or amplifier which was never patented or publicly described but would be creditable to me even today. In recognition of my efficient assistance the organizer of the undertaking, Mr. Puskas, upon disposing of his business in Budapest, offered me a position in Paris which I gladly accepted.

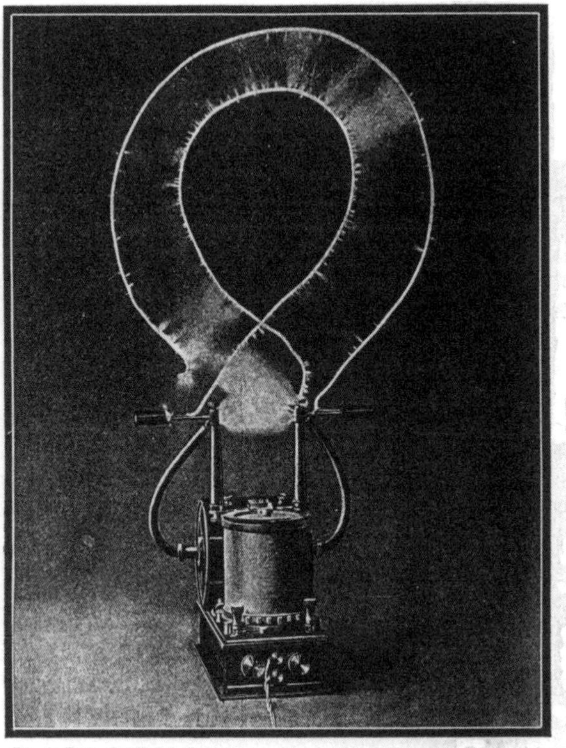

Fig. 1—Tesla Oscillation Transformer (Tesla Coil) Presented by Lord Kelvin Before the British Association in August, 1897. This Small and Compact Instrument, Only 8 Inches High, Developed Two Square Feet of Streamers With Twenty-Five Watts From the 110 Volt D. C. Supply Circuit. The Instrument Contains a Tesla Primary and Secondary, Condenser, and a Circuit Controller.

Mr. Tesla's articles started in our February issue

I never can forget the deep impression that magic city produc
on my mind. For several days after my arrival I roamed thru t
streets in utter bewilderment of the new spectacle. The attractio
were many and irresistible, but, alas, the income was spent as so
as received. When Mr. Puskas asked me how I was getting alo
in the new sphere, I described the situation accurately in the stat
ment that "the last twenty-nine days of the month are the toug
est!" I led a rather strenuous life in what would now be term
"Rooseveltian fashion." Every morning, regardless of weather,
would go from the Boulevard St. Marcel, where I resided, to
bathing house on the Seine, plunge into the water, loop the circ
twenty-seven times and then walk an hour to reach Ivry, whe
the Company's factory was located. There I would have a woo
chopper's breakfast at half-past seven o'clock and then eager
await the lunch hour, in the meanwhile cracking hard nuts for t
Manager of the Works, Mr. Charles Batchellor, who was an i
timate friend and assis
ant of Edison. Here
was thrown in conta
with a few America
who fairly fell in lo
with me because of n
proficiency in—billiarc
To these men I explain
my invention and one
them, Mr. D. Cunnin
ham, Foreman of t
Mechanical Departme
offered to form a sto
company. The propos
seemed to me comical
the extreme. I did n
have the faintest conce
tion of what that mea
except that it was
American way of doi
things. Nothing came
it, however, and duri
the next few months
had to travel from o
to another place
France and Germany
cure the ills of the po
er plants. On my retu
to Paris I submitted
one of the administ
tors of the Compar
Mr. Rau, a plan for i
proving their dynam
and was given an oppc
tunity. My success w
complete and the d
lighted directors a
corded me the privile
of developing automa
regulators which we
much desired. Shor
after there was so
trouble with the lighti
plant which has been i
stalled at the new ra

road station in Strassburg, Alsace. The wiring was defective and on the occasion of the opening ceremonies a large part of a wall was blown out thru a short-circuit right in the presence of old Emperor William I. The German Government refused to take the plant and the French Company was facing a serious loss. On account of my knowledge of the German language and past experience, I was entrusted with the difficult task of straightening out matters and early in 1883 I went to Strassburg on that mission.

The First Induction Motor Is Built.

Some of the incidents in that city have left an indelible record on my memory. By a curious coincidence, a number of men who subsequently achieved fame, lived there about that time. In later life I used to say, "There were bacteria of greatness in that old town. Others caught the disease but I escaped!" The practical work, correspondence, and conferences with officials kept me preoccupied day and night, but as soon as I was able to manage I undertook the construction of a simple motor in a mechanical shop opposite the railroad station, having brought with me from Paris some material for that purpose. The consummation of the experiment was, however, delayed until the summer of that year when I finally had the satisfaction of *seeing rotation effected by alternating currents of different phase, and without sliding contacts or commutator*, as I had conceived a year before. It was an exquisite pleasure but not to compare with the delirium of joy following the first revelation.

Among my new friends was the former Mayor of the city, Mr. Bauzin, whom I had already in a measure acquainted with this and other inventions of mine and whose support I endeavored to enlist. He was sincerely devoted to me and put my project before several wealthy persons but, to my mortification, found no response. He wanted to help me in every possible way and the approach of the first of July, 1919, happens to remind me of a form of "assistance" I received from that charming man, which was not financial but none the less appreciated. In 1870, when the Germans invaded the country, Mr. Bauzin had buried a good sized allotment of St. Estèphe of 1801 and he came to the conclusion that he knew no worthier person than myself to consume that precious beverage. This, I may say, is one of the unforgettable incidents to which I have referred. My friend urged me to return to Paris as soon as possible and seek support there. This I was anxious to do but my work and negotiations were protracted owing to all sorts of petty obstacles I encountered so that at times the situation seemed hopeless.

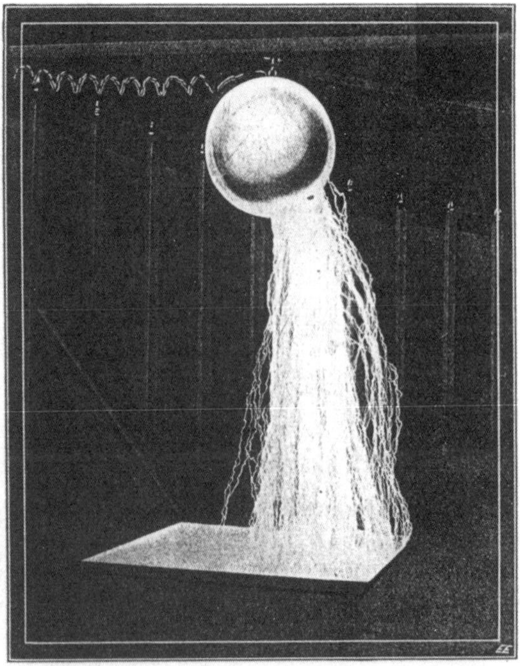

Fig. 2—This Illustrates Tests With Spark Discharges From a Ball of Forty Centimeters Radius in Tesla's Wireless Plant Erected at Colorado Springs in 1899. The Ball Is Connected to the Free End of a Grounded Resonant Circuit Seventeen Meters in Diameter. The Disruptive Potential of a Ball, Is, According to Tesla, in Volts Approximatelly $V = 75,400\ r$ (r Being in Centimeters), That Is, in This Case $75,400 \times 40 = 3,016,000$ Volts. The Gigantic Tesla Coil Which Produced These Bolts of Thor Was Capable of Furnishing a Current of 1,100 Amperes in the High Tension Secondary. The Primary Coil Had a Diameter of 51 Feet! This Tesla Coil Produced Discharges Which Were the Nearest Approach to Lightning Ever Made by Man.

THE proverbial trials and tribulations known to every inventor were not spared Tesla, the world's greatest inventor of all times. In this article we see him, arrived at young manhood, struggling along in a cold world. Already his fame has spread far and wide and his genius is recognized. But converting genius and fame into dollars and cents is quite a different matter, and the world is full of unappreciative and unscrupulous men. Tesla, the idealist, cared little for money and thus was promptly taken advantage of. But let Tesla himself tell you in his own inimitable style. It is a wonderful story.

In this month's installment Tesla also tells us how he made one of his most important as well as sensational discoveries—the Tesla Coil. Few inventions have caused such a sensation as this one which culminated in the only man-made lightning ever produced. The Tesla coil has so many uses and has been built in so many styles that it would take a catalog to list them all. From the spectacular high frequency stunts on the stage down to the "violet" ray machine in your home; all are Tesla coils in one form or another. Wireless without the Tesla Coil would not be possible today. Without an oscillation transformer, spark gap and condenser—which is a Tesla Coil—the sending station would be crippled.

But it is for industrial purposes where the Tesla Coil will shine brightest in the future. The production of Ozone, the extraction of Nitrogen from the air in huge quantities—all are children of Tesla's fertile brain. His coil is the key to them all.

EDITOR.

German "Efficiency".

Just to give an idea of German thoroness and "efficiency," I may mention here a rather funny experience. An incandescent lamp of 16 c.p. was to be placed in a hallway and upon selecting the proper location I ordered the *monteur* to run the wires. After working for a while he concluded that the engineer had to be consulted and this was done. The latter made several objections but ultimately agreed that the lamp should be placed two inches from the spot I had assigned, whereupon the work proceeded. Then the engineer became worried and told me that Inspector Averdeck should be notified. That important person called, investigated, debated, and decided that the lamp should be shifted back two inches, which was the place I had marked. It was not long, however, before Averdeck got cold feet himself and advised me that he had informed *Ober-Inspector* Hieronimus of the matter and that I should await his decision. It was several days before the *Ober-Inspector* was able to free himself of other pressing duties but at last he arrived and a two-hour debate followed, when he decided to move the lamp two inches farther. My hopes that this was the final act were shattered when the *Ober-Inspector* returned and said to me: "*Regierungsrath* Funke is so particular that I would not dare to give an order for placing this lamp without his explicit approval." Accordingly arrangements for a visit from that great man were made. We started cleaning up and polishing early in the morning. Everybody brushed up, I put on my gloves and when Funke came with his retinue he was ceremoniously received. After two hours' deliberation he suddenly exclaimed: "I must be going," and pointing to a place on the ceiling, he ordered me to put the

(*Continued on page* 64)

多領域引爆革命。但是，有更光明的前景在等待著它。一九〇〇年，我製造了一百英尺長的強大放電現象，並在全球創造了人造閃電效應。我記得我在格蘭特大街的實驗室第一次觀察到微小的火花現象，當時的激動和興奮之情，差可比擬我發現旋轉磁場時的狂喜。

1899年特斯拉在科羅拉多泉鎮實驗室的實驗，電火花從半徑40公分的球體釋放。

Chapter 5

揭開無線能量傳輸序幕——發明放大發射機

這是人類利用太陽能來滿足本身需用的最有效方式！這項計畫能否成功端看我們是否有足夠能耐，發展出大自然級的電力。

回顧往昔，我體會到那些影響並塑造我們命運的重要事件何等奇妙，我年少時期的一次意外經歷或能闡明箇中原委。

某個冬日，我和其他男孩結伴同行，打算攀登一座陡峭山峰。山路積雪非常深，當日適逢溫暖南風吹來，簡直就是為我們量身打造的爬山好天氣。我們沿途玩擲雪球遊戲來自娛，雪球會沿著地勢向下滾動一段距離，多多少少會沾到雪而稍微變大。我和同伴們正玩得興高采烈，比賽誰擲得更遠時，突然間，眼前一個雪球成了脫韁野馬變成龐然大物，一直膨脹到和一棟房子一樣大，接著發出轟然巨響衝進了山腳下的村落，巨大的撞擊力道使得地面為之震動。我看得瞠目結舌，根本無法理解究竟發生了什麼事。

幾星期後，雪崩的圖片出現在我眼前，我想不透一個原本貌不驚人的小雪球怎麼會變成龐然大物。從那時候起，我便對這種從微弱蛻變為巨大的現象深感著迷，幾年後，我展開實驗研究機械與電流的共振現象，從一開始便沉浸其中、興致盎然。如果不是這次事件留給我如此強烈的深刻印象，我也許不會對線圈所發出的微小火花一路窮追不捨、探究到底，更不用說會創造出我的最佳發明，以下是我第一次針對這項發明（放大發射機）的來龍去脈說分明。

發明的價值在為人類謀福祉

那些討好社會名流的「獵獅者們」經常問我，在我的諸多發明中，自己評價最高的是哪一個？這得看從什麼觀點去評斷。事實上，不只少數科技人如此堅稱，除了感應馬達，我的其餘發明對這個世界幾乎毫無實用價值，這些專家都是他們領域裡的佼佼者，但思想迂腐守舊、目光短淺如豆，說出這樣的錯誤評論實在可悲。

一個新點子或創意的成敗絕對不能只從它的立即成效來下判斷，這是只看短不看長！我的交流電電力傳輸系統就來的正是時候，因為它正是產業界長期以來一直迫切尋找的問題解決之道，儘管有巨大的阻力要克服、有反對利益者的壓力要化解，但是一如既往，它的商業化應該指日可待，不會拖得太久。現在，我舉我的另一項發明渦輪機來做對照說明。

人們可能會認為這是一項簡單而優美的發明，具備了一部理想馬達該有的許多特色，理當會和交流電電力傳輸系統一樣，馬上獲得廣泛採用。但是，旋轉磁場的預期用途不是要把現有不具價值的機器汰換掉；反之，它是要創造它們的附加價值，這部機器適用於投入新事業或是用來改善老舊設備。我設計的渦輪機是升級舊系統的某項特色，與交流電電力傳輸系統截然不同。如果說我的渦輪機的成功，意謂著要將那些耗資數百億美元添購的現有老舊發動機（prime mover）淘汰換新，這種想法可就大錯特錯了。也因此，它的普及化必然是一段非常緩慢的進程——或許心存偏見的專家們透過有計畫的打壓，才是最大的障礙。

才不過幾天前，我碰到了一個令我難過沮喪的事。我和一位在耶魯大學電機系擔任教授的朋友查爾斯•史考特（Charles F. Scott）見面，他曾經擔任我的助手。我有好長一段時間沒看到他，所以很開心有機會在我的辦公室小聚一下，聊聊彼此的近況。我們的談話很自然地轉到我的渦輪機，興頭一來，我整個人也跟著亢奮起來。「史考特，」我大聲說道，因為預見渦輪機的璀璨遠景而得意忘形，「我的渦輪機會把全世界的熱力發動機都變成廢鐵。」他摩娑著下巴，若有所思地轉過頭去，彷彿在做心算。「那肯定會製造出一個壯觀的廢鐵垃圾山。」他說，然後不發一語離開！

總而言之，我的上述發明與其他發明，不過是某些領域的尖端發明而已。我只是單純依循與生俱來的感知能力去完善現有裝置，從未顧及人類社會有更迫切的需求。然而，「放大發射機」並不同，我是基於一個主要目標而研發這項裝置的，是傾我多年努力的心血結晶，目的是要解決那些攸關全人類的問題，而不僅只局限於促進工業發展。

如果我的記憶無誤，我在一八九〇年十一月於實驗室所做的一個實驗，是科學史上有記載以來最特異、最壯觀的實驗之一。

我在研究觀察高頻電流的行為時，很滿意自己發現了一個現象，那就是：在室內就可以製造一個強度夠強的電場，來點亮無極真空管（electrodeless vacuum tube）。

我製作了一個變壓器來測試這個理論，第一次測試就獲得了驚人的成功。在當時，人們十分難以理解這種奇特的現象究竟有什麼意義。我們總是喜新厭舊，一方面渴望有新的驚天發現，但是又很快變得冷淡以對——昨日的驚奇到今天就變成了司空見慣。當我的真空管第一次公開亮相時，所有人都驚訝得目瞪口呆，我簡直無法形容當時的情景。

接著，來自世界各地的強力邀約和無數榮譽，以及其他吹捧誘惑紛至沓來，但一律都被我拒絕了。

到了一八九二年，有些邀約我實在婉拒不了，於是去了倫敦，在電氣工程師學會（Institution of Electrical Engineers）發表了一場演講。我原本打算即刻啟程前往巴黎履行類似的演講邀約，但是詹姆士・杜瓦爵士（Sir James Dewar）堅持我一定要在英國皇家科學院（Royal Institution）露臉。我一直是個意志堅定的人，但是我輕易就被這位了不起的蘇格蘭人給強力說服了。他強迫我坐進一張椅子裡，並倒了半杯絕妙的褐色液體，冒出各種顏色繽紛閃亮的氣泡，喝起來就像是品嘗甘美的瓊漿玉液。「現在，」他說，「你就坐在法拉第（Michuel Faraday，一七九一～一八六七年，英國物理學家，在電磁學及電化學領域做出很多重要貢獻）坐過的椅子上，喝的是他常喝的威士忌。」能體驗這等雙重享受，多麼令人欣羨。隔日傍晚，我在皇家科學院做了展示，結束後，瑞利爵士（Lord Rayleigh）發表演說，他的慷慨陳詞鼓舞了我踏出後續發明的第一步，為人類謀福。

緊接著，我逃離倫敦飛往巴黎，再從巴黎出逃，沒有多做停留以避開來自四面八方的抬愛如潮水般湧來，直接踏上返家的歸途，後來經歷了一場最痛苦的嚴峻考驗和疾病。康復之後，我開始構思計畫在美國的後續研究及實驗工作。

截至當時，我從未意識到我具備了非凡的發明天賦，只有瑞利爵士對我如此說過，我一直視他為科學人的理想典範，果真如他所言，我應當把心力全神貫注在更重要的發明構想上。

有一天，我在山中漫步，眼看暴風雨即將來襲，我設法尋找可以避雨的地方。天空烏雲密布，雨卻遲遲不下，然後突然間閃電劃過天際，傾盆大雨緊接而來。觀察眼前這幅自然景象促使我思索一些事情。顯然，這兩個現象緊密相關互為因果，但沉思了一會兒後我獲致一個結論：電能與降雨之間幾乎沒有什麼關聯性，閃電的功能更像是一個靈敏的啟動器。

我們有可能達成下面這項非凡的驚人成就，如果我們能夠製造符合品質要求的電場效應，整個地球與其生存環境都能加以改造。太陽蒸發海水變成水蒸氣，然後風再運送至遙遠地區，使這個地區保持在一種最巧妙的平衡狀態中。如果我們有能力在需要的時間和地點操控此運作系統，就能隨心所欲掌控這道豐沛不絕的能量之河來維持生命所需。如此一來，我們就可以灌溉乾涸的沙漠，在上面創造湖泊與河流，還能無限供應所需動力，這是人類利用太陽能來滿足本身需用的最有效方式！

這項計畫能否成功，端看我們是否有足夠能耐發展出大自然級的電力。這似乎是不可能的任務，我仍決意一試。一八九二年夏天，我一返回美國即刻投入工作，這項研究格外吸引我，是因為若能開發成功，就能一石二鳥，把這套裝置成功應用在無線能量傳輸上。

「世界系統」無線傳輸組合

我於隔年春天獲致了第一個令人滿意的成果，我用線圈製造了約一百萬伏特的電壓，以今天的技術來看，這不算什麼，但在當時被視為是一大成就。

直到我的實驗室於一八九五年毀於一場大火之前，我的實驗可說在持續穩定進步中，關於這場大火可以參考馬丁於該年《世紀雜誌》（*Century Magazine*）四月號的文章。這場火災導致我在許多方面損失慘重，開發進度受到延宕，那一年我大部分的時間都花在規劃和重建實驗室上。但無論如何，只要新實驗室狀況許可，我立即重新投入實驗工作。

我知道用更大型的裝置可以取得更高的電動勢（electromotive forces），但直覺告訴我只要設計得宜，可以使用一個尺寸相對較小的簡易型變壓器，來達成這個目標。誠如我在專利說明書裡的描述，我在使用扁平螺旋次級繞組線圈進行測試時，看不到電子束出現讓我大吃一驚，但是我很快就發現問題出在匝（turn）的位置以及匝之間的交互作用。我從這項觀察獲得靈感，採用具有大直徑匝的高壓線圈做為導線，讓匝與匝之間的距離足以抑制分布電容，同時也能全面防止電荷過度累積。我在休士頓街新成立的實驗室，應用這項原理製造出了所能獲致的最大電壓極限四百萬伏特，放電距離延伸到十六英尺（約四・八八公尺）長。一八九八年十一月號的《電氣評論》（*Electrical Review*）刊登了一張這部發射機的照片。

為了能有更進一步突破，我必須在戶外測試我的無線電裝置。一八九九年春天，安裝無線電裝置的準備工作結束後，我前往科羅拉多州並停留了一年多時間。這段期間，我還做了其他的改良，以產生任何所需的電流強度。對此感興趣的人都可以參考我的文章〈增進人類能源的問題〉（The Problem of Increasing Human Energy），這篇文章刊載於一九〇〇年六月號的《世紀雜誌》，我於前文簡述了相關內容。

《電氣實驗者》雜誌要求我對「放大發射機」這個主題做詳細而具體的說明，所以我是如何建置與操作這部機器，以及我的發明初衷為何，都可以從下文獲得清楚的了解。首先，這是一種共振變壓器（特斯拉的放大發射機現稱為「大功率高頻傳輸線共振變壓器」），它的次級繞組元件具有高電勢，分布面積大，沿著導體曲率半徑極大的理想環繞表面排列，元件之間保持適當距離，如此導體每一處的表面電荷密度都能維持在較小密度，即使導體裸露也不會出現漏電的情形。

這種設計適用於每一種電流頻率，從每秒只有區區幾赫茲到數千赫茲一律適用，也可以應用於能產生巨大電流量而電壓適中的電流，或是小安培而電動勢大的電流。至於最大電壓極限端視電荷元素（charged element）所在的導體表面曲率，以及電荷元素所占的面積而定。

就我的經驗來說，這部放大發射機即使通電高達一億伏特電壓，都能完美無誤運作。另外，數千安培的電流可以經由天線取得。一部大小適中的裝置即能達成所要求的效能。理論上，直徑不到九十英尺的終端設備就能產生那種規模的電動勢，若是一般頻率的天線，只需不到三十英尺直徑的終端設備就能產生二千至四千安培的電流。

就其較狹義面而言，這種無線發射器所產生的電磁波輻射量相較於整體能量，小到可以完全被忽視，在此情況下，阻尼因子（damping factor）非常小，大量電荷便能儲存在高性能電容器中。因此，這種電路可以受到任何一種脈衝（包含低頻脈衝）的激發，而產生類似交流發電機的連續正弦波振盪。

就其最狹義面而言，這是一種共振變壓器，除了具備上述種種屬性外，還根據地球與其電常數和電性做出精確調整，透過這樣的設計可以達到高效能、高功率的無線能量傳輸功能。距離不再是問題，被傳輸脈衝的強度在傳輸途中不會出現衰減，甚至根據數學定律，脈衝強度不但不減，反而會隨著距離而增強。

我開發設計了命名為「世界系統」（World-System）的無線傳輸系列產品，放大發射機只是其中一項。我於一九〇〇年返回紐約後，便立即著手「世界系統」的商業化。關於它的直接目的，我在一份技術說明文件中做了很清楚的陳述，摘錄如下：

「世界系統」是發明者經過長期研究和實驗所開發出的一套原創發明組合。

「世界系統」不僅可以把各種訊號、訊息或是文字符號等，經由無線方式瞬間且精確地傳輸到世界各地，也讓現有的電報、電話和其他訊號站可以互相通聯，而不必更換既有的設備。舉例而言，透過無線傳輸，某地的電話用戶可以呼叫地球上任何其他地方的用戶。用戶只要有一個便宜的接收器，大小不比一支手錶大，就能在陸地或海洋等任何地方收聽其他現場的演講或音樂演奏，再遠的距離都能收聽到。援引這些例子只是為了讓大家了解這項非凡的科學進展的潛力，它消除了距離的障礙，讓地球這個完美的天然導體，可以應用於人類聰明才智迄今所發現的無數有線傳輸用途上。其中一個影響深遠的結果是，凡能經由一條或多條電線作業的裝置（有線勢必會受制於距離），極可能不需要人工導體就能在地球的物理空間範圍內，不受距離限制地在現有的相同設施下被驅動，而且正確度不減。因此，這種理想的傳輸方法不僅開啟了全新的商業化應用，既有應用也獲得了大幅擴展。

「世界系統」的應用是基於下列重要發明和發現：

1**特斯拉線圈**：這項裝置在電振動上的革命性突破，猶如火藥之於戰爭。特斯拉線圈產生的電流強度是其他一般方法的許多倍，是空前創舉，發明者本人也利用一個這類裝置產生一百多英尺長的放電火花。

2**放大發射機**：這是發明者本人的最佳發明，一種專門用於激發地球的特殊變壓器，它之於傳輸電能，猶如望遠鏡之於天文觀測。發明者本人已經利用這項驚人裝置製造出強度遠甚於閃電所產生的電流，並製造了一道穿行全球地表的電流，點亮了兩百多盞白熾燈。

3**特斯拉無線系統**：這套系統結合了許多改良技術，是目前所知唯一能用低廉經濟的無線傳輸把電能輸送到其他地方的方式。發明者本人連結他在科羅拉多州所設立的實驗站，經過審慎測試與測量後，證明可以隨意傳輸多寡不限的能量，而能量的耗損不會超過幾個百分比，有需要的話，也能橫越整個地球傳輸能量。

4**個別化技術**：這項發明之於原始「調諧」，猶如精練語言之於含混不清的表達。這項發明使得訊號或訊息的傳輸，無論是在發送端或接收端，都能得到完全的保密和排他性，換言之，傳輸內容不會受到干擾。每一個訊號就像是有明確身分的個人不會被弄錯，即使有無數訊號站或設備同時作業，也不會有絲毫互相干擾的現象。

5陸地駐波：說得通俗些，這個奇妙現象就是地球會對特定頻率的電振動做出回應，猶如音叉之於特定音波的反應。這些特殊的電振動能夠強有力地激發地球，而能應用於無數重要的商業用途與其他許多領域。

第一個「世界系統」發電廠在九個月內就可以建置完成和啟用。有了這座電廠，要產生千萬馬力功率的電力綽綽有餘，這項發明的目的是希望能以免費方式促進最多的科技發展，下列是一些相關的科技應用：

1全球各地的電報交換機或電報局可以相互通聯。

2建立一種不受駭侵的機密政府電報系統。

3全球各地的電話交換機或電話局可以相互通聯。

4傳媒利用電報或電話向全球發布新聞。

5建立一個私人專屬的「世界系統」情報傳輸服務。

6全球股票報價系統的互連和操作。

7建立音樂發行等用途的「世界系統」。

8利用廉價時鐘建立全球性天文級精密報時系統，輕鬆對時。

9打字或手寫文字、信函、支票等文件可以全球傳輸。

10建立一個全球通行的航海服務，使得所有航海人員能夠在沒有指南針的協助下，也能準確無誤地駕駛船隻，以及判斷正確的方位、時間和航速，防止碰撞等重大災難事件發生。

11創建一個陸海世界印刷系統。

12在世界各地複製重現攝影照片，以及各式各樣的繪畫或唱片。

我也在計畫進行小規模的無線電力傳輸展示，規模雖小卻足以展現令人信服的成果。此外，我也投入「世界系統」其他無比重要的應用，只要時機成熟就會揭曉。

我在紐約附近的長島建置了一個發電廠，它有一個一百八十七英尺高的發射塔，以及一個直徑達六十八英尺寬的半球形終端設備。這些設施足以傳輸各種規模的能量。起初，我只使用二百到三百千瓦發射功率，但是我打算在後面使用數千馬力功率。發射機會放射一種特殊的多特質複雜波，我先前已設計出一種獨特的方法，可以利用電話控制任何規模的能量傳輸。

這座發射塔已毀於兩年前，但是我的一些計畫仍在持續進行中，我會再另建一個新的改良版發射塔。我要藉此機會澄清一個被傳得沸沸揚揚的流言蜚語，謠傳政府為了應付戰局發展，而蓄意破壞長島發射塔。這也許會在某些人心中形成偏見，但他們渾然不知我在三十年前被授予美國公民身分時，我視之為莫大的榮譽而把相關文件珍藏在保險櫃裡；反倒是我獲頒的勳章、文憑、學位、金質獎章和其他殊榮，全都被我收在一只老舊的大行李箱裡。如果謠言屬實，我理當會得到鉅額賠償以彌補我興建這

▍長島的沃登克里弗塔，又稱「特斯拉塔」，高187英尺。

My Inventions

By Nikola Tesla

V. The Magnifying Transmitter

As I review the events of my past life I realize how subtle are the influences that shape our destinies. An incident of my youth may serve to illustrate. One winter's day I managed to climb a steep mountain, in company with other boys. The snow was quite deep and a warm southerly wind made it just suitable for our purpose. We amused ourselves by throwing balls which would roll down a certain distance, gathering more or less snow, and we tried to outdo one another in this exciting sport. Suddenly a ball was seen to go beyond the limit, swelling to enormous proportions until it became as big as a house and plunged thundering into the valley below with a force that made the ground tremble. I looked on spellbound, incapable of understanding what had happened. For weeks afterward the picture of the avalanche was before my eyes and I wondered how anything so small could grow to such an immense size. Ever since that time the magnification of feeble actions fascinated me, and when, years later, I took up the experimental study of mechanical and electrical resonance, I was keenly interested from the very start. Possibly, had it not been for that early powerful impression, I might not have followed up the little spark I obtained with my coil and never developed my best invention, the true history of which I will tell here for the first time.

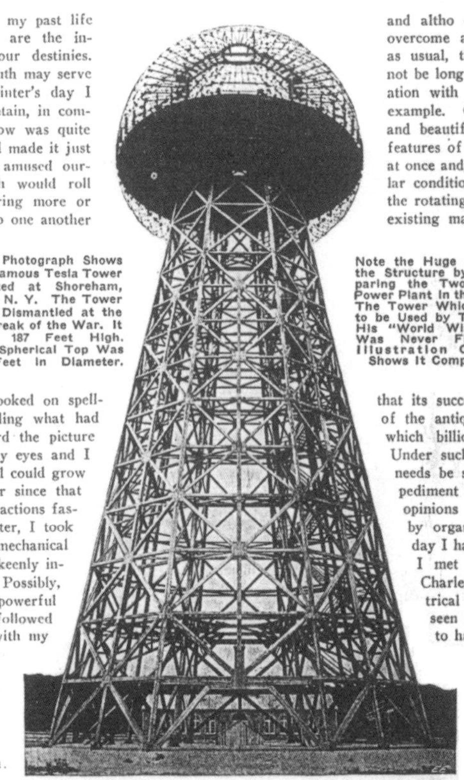

This Photograph Shows the Famous Tesla Tower Erected at Shoreham, L. I., N. Y. The Tower Was Dismantled at the Outbreak of the War. It Was 187 Feet High. The Spherical Top Was 68 Feet in Diameter.

Note the Huge Size of the Structure by Comparing the Two-story Power Plant in the Rear. The Tower Which Was to be Used by Tesla in His "World Wireless," Was Never Finished. Illustration Opposite Shows It Completed.

Scrapping the World's Engines.

"Lionhunters" have often asked me which of my discoveries I prize most. This depends on the point of view. Not a few technical men, very able in their special departments, but dominated by a pedantic spirit and nearsighted, have asserted that excepting the induction motor I have given to the world little of practical use. This is a grievous mistake. A new idea must not be judged by its immediate results. My alternating system of power transmission came at a psychological moment, as a long-sought answer to pressing industrial questions, and altho considerable resistance had to be overcome and opposing interests reconciled, as usual, the commercial introduction could not be long delayed. Now, compare this situation with that confronting my turbine, for example. One should think that so simple and beautiful an invention, possessing many features of an ideal motor, should be adopted at once and, undoubtedly, it would under similar conditions. But the prospective effect of the rotating field was not to render worthless existing machinery; on the contrary, it was to give it additional value. The system lent itself to new enterprise as well as to improvement of the old. My turbine is an advance of a character entirely different. It is a radical departure in the sense that its success would mean the abandonment of the antiquated types of prime movers on which billions of dollars have been spent. Under such circumstances the progress must needs be slow and perhaps the greatest impediment is encountered in the prejudicial opinions created in the minds of experts by organized opposition. Only the other day I had a disheartening experience when I met my friend and former assistant, Charles F. Scott, now professor of Electrical Engineering at Yale. I had not seen him for a long time and was glad to have an opportunity for a little chat at my office. Our conversation naturally enough drifted on my turbine and I became heated to a high degree. "Scott," I exclaimed, carried away by the vision of a glorious future, "my turbine will scrap all the heat-engines in the world." Scott stroked his chin and looked away thoughtfully, as though making a mental calculation. "That will make quite a pile of scrap," he said, and left without another word!

IMAGINE a man a century ago, bold enough to design and actually build a huge tower with which to transmit the human voice, music, pictures, press news and even power, thru the earth to any distance whatever without wires! He probably would have been hung or burnt at the stake. So when Tesla built his famous tower on Long Island he was a hundred years ahead of his time. And foolish ridicule by our latter day arm-chair "savants," does not in the least mar Tesla's greatness.

The titanic brain of Tesla has hardly produced a more amazing wonder than this "magnifying transmitter." Contrary to popular belief his tower was not built to radiate Hertzian waves into the ether. Tesla's system sends out thousands of horsepower thru the earth—he has shown experimentally how power can be sent without wires over distances from a central point. Nor is there any mystery about it how he accomplishes the result. His historic U. S. patents and articles describe the method used. Tesla's Magnifying Transmitter is truly a modern lamp of Aladdin.

EDITOR.

"Aladdin's Lamp".

These and other inventions of mine, however, were nothing more than steps forward in certain directions. In evolving them I simply followed the inborn instinct to improve the present devices without

(*Continued on page* 148)

Mr. Tesla's articles started in our February issue

座發射塔的費用；恰恰相反，保存這座發射塔才符合政府利益——我只舉其中一項珍貴成果為例：它可以偵測潛水艇在世界各地的位置。

我的電廠、工作和所有創新發明，一直以來都聽憑政府差遣，自歐戰爆發以來，我便全心致力於空中導航、船艦推進和無線傳輸等攸關國家利益的發明上，而將其他發明暫拋一旁。了解內情的人都知道我的發明構想革新了美國產業，就這方面而言，我不知道還有哪個發明家幸運如我，更遑論自己的發明能應用在戰爭中。

在此之前，我一直極力避免就此議題公開表達我個人的看法，因為我覺得在全世界處於動盪不安之際，誇誇其談私人事務實屬不妥。有鑑於有關我的謠言滿天飛，我要就下面事情做進一步澄清：

皮爾龐特・摩根（J. Pierpont Morgan）先生對我並無商業利益上的圖謀，而是出於他的慷慨大度，一如他長期大力資助其他許多先鋒人物一樣。他如實履行了對我的慨然允諾，我夫復何求？他對我的發明成就表達了最高推崇之意，還一再表示他對我的能力有完全的信心，相信我最終能夠完成我設定的努力目標。我不會讓那些心胸狹隘、忌妒之輩稱心如意，阻撓了我的研究腳步。這些人在我眼中不過就是害人致病的病菌，令人厭惡。

我的研究因為卡在一些自然定律而遲滯不前，這個世界還沒有準備好要接受這項超越時代的研究。但是，我相信相關定律終會突圍勝出，我的研究將高奏勝利凱歌。

Chapter 6

劃時代的遠端遙控科技（自動遙控的藝術）——開啟機器人、無人武器和無人車先河

我只是一個在思想和行動上都沒有自由意志的機器人，我只是回應外在環境的力量而已。我們的身體結構是如此複雜，可以做各式各樣生理機制精巧的動作，我們的感官接受外在印象的刺激，整個運作是如此巧妙令人難以捉摸，一般人根本無從理解。

至今為止，還沒有哪個研究主題需要我如此全神貫注、殫精竭慮，以至於我的大腦神經緊繃到已危及健康的程度。放大發射機是「世界系統」的基礎，我拿出年輕時發現、開發旋轉磁場的拚勁和精力全心投入在這項發明上，但是這些早年心血的付出並不適用於此。儘管我當時也是全力以赴，但不像在解決諸多難解的無線謎團時，必須具備超凡洞見並窮盡之來解謎。我那時候雖有超人般的罕見身體耐力，但神經在過度操勞下終於發出抗議、全面崩潰，罹患了嚴重的神經衰弱，然而這項長期艱辛挑戰的研究成果幾乎已近在眼前，手到擒來。

無疑的，若不是上帝的守護，準備了一個安全閥給我，我會嘗到更嚴重的苦果，我的發明生涯恐怕會提前告終。這個安全閥似乎與時俱進，總在我精力耗竭時忠實無誤地現身，只要它可以保持正常運作，我就能從已經危及許多其他發明家身心的工作過勞中安然脫身。順帶一提，對許多人而言，休假是必需的身心調適，而我完全不需要，當我精疲力竭時，我就會像黑人一樣「自然而然地倒頭呼呼大睡，而白人還兀自在傷神發愁」。

我決意挑戰自己陌生的領域，提出一個全新的理論，或許正是這項大膽行動導致身體日積月累了一定的毒素，以至於我會出現幾分鐘到半個小時不等的昏昏欲睡狀態。只要我一醒來，便感覺剛剛才發生的事彷彿已經是很久遠以前了，如果我打算繼續之前中斷的思緒列車，就會真切感受到一種「心理噁心」（mental nausea）的不適狀態，我只得心不甘情不願轉做其他事，不過讓我大為吃驚的是，我的心智思維竟然因此而變得豁然開朗，原本一直想不通的問題突然想通了。過了幾星期或幾個月後，我對於暫被擱置的發明的熱情又回來了，所有懸而未決的惱人疑問幾乎毫不費力地全都有了答案。

我要說一個我在這方面很不尋常的經歷，心理學者或許會感興趣。我曾利用我發明的地面發射機製造了一個驚人奇觀，我當時正致力於確認這項奇觀與通過地表的電流是否緊密相關，果真如此，這項發現可謂意義重大。我花了一年多時間鑽研不懈，依舊一無所獲，這似乎成了一個無解的難題。

我整個人沉浸在這個深奧難解的謎團中，忘了所有其他事情，連走下坡的健康都拋之腦後。我的身體終於承受不住而崩潰，造物主用我束手無策的誘發性睡眠症來保護我。恢復知覺後，我驚訝地發現，除了幼年那些早已深入意識中的最早人生記憶，我完全想不起其他過去生活的點滴。

奇怪的是，這些浮現於腦海中的兒時畫面是如此異常清晰，讓我感到無比舒暢。夜復一夜，當我就寢躺在床上，我會想起兒時生活，並且愈來愈多童年畫面浮現腦海。這些記憶中的兒時情景緩緩向我展開，母親永遠是畫面中的靈魂人物，想要再見母親一面的強烈渴望漸漸地攫住了我。隨著這種感受愈來愈強烈，我決定放下手邊所有工作一償所願。

但是，我根本無法從實驗室抽身回家，幾個月時間匆匆流逝，我也順利恢復了直到一八九二年春天之前的所有人生記憶。後來，我從幾已遺忘的模糊記憶中，看見自己已置身在巴黎和平大飯店（Hotel de la Paix），剛好是我在經過一段長時間的腦力消耗後，在一次睡眠症發作期中浮現。我看見自己收到了一封緊急信件，捎來母親病危的悲傷消息，昔時情景再次湧上心頭，你們可以想見我的悲痛。我一刻不停歇往回家的漫漫長路上急奔，母親在經過幾個星期的痛苦掙扎後離世（自一八九二年起特斯拉在倫敦、巴黎等地演講，推廣其無線傳輸電力及無線電通訊研究，當他在巴黎時，得知母親病危消息匆匆返鄉，沒有多久母親便撒手人寰，時間是一八九二年四月）。很奇特的是，在失去部分記憶期間，我反而清楚記得與此研究相關的一切事物的記憶，它們是如此栩栩如生，我記得實驗室裡最細微末節的事，以及所觀察到的最無關緊要現象，甚至能夠背出好幾頁書本的內容與複雜的數學公式。

放大發射機

我對於補償律（law of compensation）深信不疑，我相信真正的回報與付出和犧牲成正比，這就是為什麼我會對自己的所有發明如此有把握的原因之一。

我確信放大發射機是對未來世代最重要也最有價值的發明，這一點終會獲得證實。我會做出如此預測，主要是著眼於放大發射機的諸多成功應用將會促進人類生活，它當然會引爆商業及工業革命，這是水到渠成的必然結果。相較於以人類文明的更高福祉為優先，只考慮發明的實用性就變得無足輕重。我們今天正面臨著諸多重大嚴峻挑戰，如果只滿足我們生存上的物質需求，再豐裕的物質供應仍無法解決當今的難題。在我看來，這樣做反而是一條危險的發展方向，比起匱乏和困苦所導致的危險更加嚴重。

如果我們有意在世界各地發展核能，或是尋找其他方法來開發取之不竭的廉價能源，非但不會增進人類福祉，反而有可能引爆衝突和混亂，為人類帶來重大災難，最終促成煽動仇恨的武力政權當道。我認為可以為全人類創造最大福祉的事物，將會是能夠促進人類團結與和諧的創新科技，我的無線發射機顯然符合這項宗旨。透過無線傳輸，舉凡人類的聲音等等皆能在世界任何一個地方完整重現，工廠的電力則來自數千英里外的瀑布動力供應，飛行器可以繞行地球而不中停，太陽能可以被利用來造湖與河流，將貧瘠的沙漠改造為良田沃土。未來電報和電話等這類用途在使用無線傳輸時，靜電與其他所有干擾都會自動被消除，今日無線傳輸受制於靜電等的干擾，應用嚴重受限。

下面這個話題，現在說正是時候。

十年來，有許多人大言不慚地宣稱，他們已經成功消除了這個障礙，在他們還沒有宣布其成果之前，我已詳細檢視了他們所公開的相關研究和實驗方法，也測試了大部分設計，但是沒有一個過關。美國海軍近期一份官方聲明，給了那些不做查證就照單全收的新聞編輯上了一堂課，讓他們懂得該如何就發布內容給予中肯評價和讚譽，而非無的放矢。總之，這些新發現所依據的理論簡直漏洞百出，我只能一笑置之來看待。就在最近，新聞大肆預告一項科學新發現，但事後證明不過又是另一個雷聲大雨點小的例子。

這讓我想起了幾年前發生的事，正是我動手實驗高頻電流的期間。那天史帝夫・布羅迪（Steve Brodie）剛從紐約布魯克林大橋縱身一躍（一八八六年七月二十三日），只是他的這項壯舉，在人們一窩蜂地競相模仿後已變得庸俗化，但是當時頭條報導一出，便轟動了整個紐約市。我那時候情感豐富、容易受感動，所以經常提及布羅迪的大膽行徑。

某個炎熱午後，我想要到外面透透氣。我離開實驗室，走進了紐約這座大城市裡三萬家人氣名店中的一家，我點了一杯酒精濃度百分之十二的爽口飲料酒，現在只有到歐洲一些貧窮落後的國家才喝得到。那一天人很多，臉孔模糊難辨，後來有人談論到一個話題，我脫口而出的一句無心之語：「這就是我跳下橋時說的話。」給了我一個絕妙的開場白。一說完，我覺得自己仿如德國詩人席勒（Friedrich Schiller，一七五九年～一八〇五年）詩中提摩太的同伴。瞬間，現場突然一片騷動，我聽到有十來個聲音高喊：「他就是布羅迪！」我匆匆朝櫃臺丟下二毛五美分，拔腿就往門口衝去，但是群眾緊跟在我後面大喊：「史帝夫，不要跑！」這肯定是一場誤會，因為我在狂奔回我的避風港途中，許多人試圖要抓住我。繞過幾個街角後，我很幸運利用火災的安全門做為掩護，安然回到了實驗室。我脫掉外套，喬裝自己是個鐵匠開始埋頭苦幹。其實這些偽裝都是多餘的，我已先一步成功擺脫掉那些追逐者。

在這次事件之後，這個意外插曲有許多年仍像幽靈般不時會在夜深人靜的時候進入到我的想像中，我躺在床上輾轉難眠，常想著如果那天的「暴民」把我抓住，發現我不是史帝夫・布羅迪，我的命運會如何。

無線傳輸系統

最近一位工程師向一群技術專家發表演講，宣稱找到了一種消除靜電的新方法。他的理論是建立在一種「迄今為止不明的自然定律」上，當他宣稱這些靜電干擾在空氣中上上下下傳播，而發射機產生的干擾則沿著地面行進時，他的魯莽大膽就跟我一樣不分軒輊。根據他的說法，意謂地球這個被大氣包覆的電容器，它的充電和放電方式會跟每一本基礎物理教科書所教授的基本原理完全背道而馳，這在當時注定是一個錯誤的謬論，即使是在富蘭克林（Benjamin Franklin，一七〇六年～一七九〇年，美國政治家、科學家，發明避雷針）的時代都是如此，因為相關事實在那時候已是眾所皆知，大氣電流與機器創造的電流是一樣的事實已然確立。

顯然，自然和人為干擾都是以相同的方式在地面與大氣中傳播，兩者在水平和垂直方向都會形成電動勢。目前所提出的任何消除靜電干擾的方法，都無濟於事。事實是：在大氣中每升高一英尺，電勢就會增加五十伏特，也因此天線的頂部和底部之間會蓄積二萬伏特甚至是四萬伏特的電壓差。帶電氣團始終處於運動狀態，並斷斷續續釋電至導體中，因此敏感的電話接收器會出現吱吱作響的惱人雜音。終端設備愈高，電線所涵蓋的範圍愈廣，這種雜音效應也愈顯著，不過這純粹只是局部現象，不會殃及整體傳輸品質。

一九〇〇年，我還在完善我的無線傳輸系統，這組裝置包含了四個天線，我小心翼翼地把它們都校準到相同的頻率，而且採用並聯方式連結，希望可以成功地把從四面八方接收到的訊號加以放大。當我想要確認被傳輸脈衝的來源時，我把兩兩成對角線排列的天線串聯，並利用初級線圈激發檢波電路。在前一種，電話的聲音非常大；

至於後者，一如我的預期電話變得安靜無聲，因為這兩個天線彼此相抵中和，不過在這兩種狀況下靜電依舊沒有消除，我必須應用其他原理另外設計專門的防護措施。

我把接收器與地面兩點相連接，多年前我便提議這種作法，接收器因為帶電空氣所產生的嚴重干擾現象消除了，不僅如此，其他各式各樣干擾的強度也驟降至原來的一半，這要歸功於電路的指向特點。這根本是不證自明的道理，但對某些頭腦簡單的無線電人員來說，卻是一項嶄新發現，他們的見識經驗被各式各樣的裝置給限制住了，這些裝置倒不如用一把斧頭砍了更好，他們一直在做「不先殺死熊，就先賣熊皮」的事情，根本是本末倒置。如果天電干擾（strays）是雜訊元凶，很簡單，只要把天線拿掉就能消除，按照這樣的邏輯，埋在地底的電線照理可以絕對免除干擾，事實上，它們比暴露在空氣中的電線對於外來脈衝更敏感。平心而論，目前這方面已有些許進展，但與新方法或裝置無關，純粹是因為放棄大型裝置之故，它們不僅傳輸效果奇差無比，也完全不適用於接收訊號，才會改採大小更適合的接收器。我在前文已經提及，要一勞永逸解決這方面的問題，必須徹底改造這套系統，而且愈快愈好。

今天，這項技術還處於萌芽期，大多數人對於它的終極用途沒有一點概念，甚至連專家亦然，若在這個時候就匆促立法由政府壟斷把持，將會是一場大災難。海軍部長約瑟夫・丹尼爾（Josephus Daniels）這位傑出閣員就在幾星期前，以其真摯充滿說服力的觀點向參眾兩院提出了這項建議，但是普遍證據都明確顯示，良性的商業競爭才能創造最佳結果。我有充分理由支持全面開放無線傳輸：首先，它的前景無可限量，放眼人類歷史沒有其他發明比無線傳輸更能造福人類生活。再來，我們必須了解，這項非凡發明是道地的純美國研發製造，比起電話、白熾燈或是飛機，美國人理應享有這項發明更多的智慧財產權。

大膽冒進的媒體公關和短線投機客在傳播錯誤資訊上堪稱一流，使得連像《科學美國人》（*Scientific American*）如此聲譽卓著的期刊，都把這項發明歸功於外國。德國人確實發現了電磁波（或稱赫茲波），俄國、英國、法國與義大利等國的專家迅速把這項發現應用在訊號控制上，這是電磁波的一種明顯應用，他們採用尚未改良的舊式古典感應線圈來設計，但開發出來的產品不過是另一種日光反射信號器。它的傳輸半徑非常狹窄，幾乎沒有實用價值，用聲波傳送資訊其實比赫茲振盪更有效率，這是我在一八九一年的主張。還有，所有這些發明都是在無線系統的基本原理提出後三年發展出來的，無線系統現在已在全球各地獲得廣泛使用，而它所帶來的強大應用已經先一步在美國獲得非常清楚的描述和發展。關於這些赫茲應用和方法早已是昨日黃花，不留一點痕跡。我們的發展方向則恰好反其道而行，如今已有具體成果，這是集全體美國人民智慧和心血得出的共同結晶。

無線系統的基本專利期限已屆滿，所有人皆能自由使用。海軍部長丹尼爾的提議的主要爭論在於干預，根據他的陳述，強大發射站傳送的訊號可以在全球各地偏遠村莊被截獲，這份聲明刊載於當年七月二十九日的《紐約先驅報》（*New York Herald*）。其實，我在一九〇〇年的實驗已經證明了他的憂心，既然如此，立法限制其實無濟於事。

為了把這一點闡釋得更清楚，我要說一個最近發生的事：有一天，一個外表古怪的斯文男士前來拜訪我，力邀我前往某個窮鄉僻壤打造一個無遠弗屆的全球性無線發射器。「我們沒有錢，」他說，「但是我們有好幾車滿載黃金的車輛，我們會給你豐厚的報酬。」我告訴他，我的發明以效力美國為第一優先，這場會面就此匆匆結束。不過，得知某些黑暗勢力已經開始在私下運作，我還是感到心滿意足。顯然，隨著時間流逝，要維持暢通的無線通訊會變得愈發困難，唯一的補救之道，就是打造一個能防堵攔截的改良系統，這個系統確實已經造好，而且運作得非常理想，唯一要務就是正式上線運作。

戰爭依舊是人們心中最深的憂慮，其中最重要的一件事，可能攸關放大發射機做為攻擊和防禦性機器，一旦它與自動遙控裝置連結更不可小覷。這項發明是我從小至今經年累月觀察下的必然結果，當我把初期成果公諸於世，《電氣實驗者》雜誌的社評形容它會成為促進人類文明進步和發展的最強大發明之一。不必等到遙遠的未來，這個預言很快就會實現。一八九八年至一九〇〇年間，有人向美國政府推薦這項發明，可惜我不是前去亞歷山大牧羊人那兒以期獲得他的恩惠的一員，否則會被政府採用也說不定。當時，我真的相信它會終結戰爭，因為這種無人武器具備了無可匹敵的強大毀滅力量。雖然我對這項發明的潛在威力從未失去信心，但是我的觀點如今已然改變。

除非引發戰爭的根本原因獲得徹底解決，否則我們無法避免戰爭捲土重來。最近有研究分析顯示，戰爭的根源在於各國各族分布廣袤地球各處，只有透過消除各方面的隔閡與差距，舉凡從事資訊交流、人員和貨物的運輸，以及能源的傳輸等，才有利於創造和平的環境，如此，沒有戰爭的永久友好和平世界才有來臨的一天。我們現在最迫切的要務，是在全世界促進人與人以及社群與社群之間，有更密切的接觸交流，以增進彼此的了解。此外，也要消除那種致力於狂熱的國族本位主義和高聲宣揚國族尊嚴的崇高理想，這類意識型態經常導致全球陷入原始的野蠻殺戮戰爭中。

要靠結盟行動或國會立法來阻止戰爭的發生，不啻是緣木求魚。這類作法不過是換湯不換藥，依舊冀望於強者對弱者的憐憫上。我在十四年前，已經清楚表達我對這種作為的不認同，已故的安德魯・卡內基（Andrew Carnegie，一八三五年～一九一九年，美國已故鋼鐵大王暨首富、慈善家）當時倡議一些強權國家可以相互結盟，堪稱神聖同盟（Holy Alliance，拿破崙帝國瓦解後，由俄羅斯、奧地利和普魯士於一八一五年組成的同盟。歐洲大多數國家後來相繼加入）的現代版，稱卡內基為該思想之父並不為過，他先於美國總統比其他人都更積極公開鼓吹這個理念。

然而不可否認，簽訂這類協議或許能為一些不幸的國家人民帶來實質利益，但卻無法促成我們長期尋求世界永久和平的目標。唯有當全球所有文明都臻於開化，以及種族之間相互融合，和平自然會水到渠成，而我們距離這個幸福和諧世界的實現仍然非常遙遠。

在目睹了我們巨大的掙扎後，我對於今天世界的看法是，我堅信基於全人類最大利益，美國應該繼續保持其建國以來的傳統，遠離「錯綜複雜的同盟組織」。從地理位置來看，美國遠離隨時爆發戰爭的熱點區域，實無必要進行區域擴張，加上擁有取之不盡的豐富天然資源，以及普遍受到自由和人權精神熏陶的眾多人口，美國堪稱享有獨一無二的恩寵地位。美國若能獨立發揮其強大實力和道德力量，遠比成為同盟組織一員來得明智，全世界將因此受益良多。

自動感知力理論

在第一章，我描述了我年少時期的生活環境，也談到了我因為一個奇特的苦惱而不得不發揮自己的想像力和展開自我觀察。起初，投入這樣的心智活動是迫於疾病和身心飽受困擾等壓力不得不然，但漸漸地這成了我的第二天性，最終引領我認清一項事實：我只是一個在思想和行動上都沒有自由意志的機器人，我只是回應外在環境的力量而已。我們的身體結構是如此複雜，可以做各式各樣生理機制精巧的動作，我們的感官接受外在印象的刺激，整個運作是如此巧妙令人難以捉摸，一般人根本無從理解。然而，對於訓練有素的研究者來說，沒有比生命機械論更具說服力的事情，笛卡兒（Rene Descartes，一五九六年～一六五〇年）在三百年前就對這項理論有一定程度的理解，並據此提出機械論。但在笛卡兒的時代，許多重要的人體生理功能還是未知的，特別是光的屬性以及眼睛的構造和運作，並未向當時的哲學家開啟。

近年，科學家在這些領域有了重大進展，許多相關論述相繼出版，機械論獲得證明無誤。費利克斯・丹堤克（Felix le Dantec）是這個理論最傑出也最具雄辯力的代表人物之一，他曾擔任巴斯德（Louis Pasteur，法國微生物學家、化學家）的助理。雅各・勒布（Jacques Loeb）教授的著名實驗是發現了植物的向光性，確立光線對於低等生物具有控制力量，他最近出版的新著《受力運動》（*Forced Movements*）饒富啟示。對於其他科學家而言，接受這項理論不過就是再多接受一個已獲認可的理論，但對我卻別具意義，我的思想和行動每時每刻都在體現這個真理。我是受到外在印象的刺激，而被驅使著從事身體或心智上各式各樣活動的認知，始終存記在我心，當我專心一意努力找出原始的刺激因子時，找不到的情況非常罕見。

顯然，絕大多數人對周遭發生的事和自己內心的活動根本毫無所覺，這也是為什麼有數百萬人成為疾病的受害者而早逝。最平凡的日常現象對他們而言，也顯得神祕難解：有人會突然悲從中來，而他可能已經注意到是陽光被雲層遮蔽所致，卻仍搜索枯腸希望能找到原因；他會把突然想到好友解釋成是異常現象，其實他們不久前才在路上相遇，或是在某個地方看到朋友的照片；領扣不見時，他會不停抱怨和咒罵一個小時，只因無法具體回想起此前的活動，以找出領扣掉落的地方。觀察力不足是一種無知的表現，也是社會充斥著許多荒謬愚蠢觀念的肇因。只有不到十分之一的人不信心靈感應和其他通靈現象、招魂術以及與死者溝通等，他們拒聽那些不論是否出於自願的騙子的謬論。

為了說明這樣的傾向有多麼深植人心，甚至連那些頭腦清楚的美國人也不例外，我要說說一件有趣的軼事。戰爭爆發前不久，我的渦輪機於紐約展覽期間，引發科技報刊的廣泛評論，我預期會在製造商間掀起這項發明的專利使用權爭奪戰。我也特別為一位底特律神祕富商設計了一些渦輪機，他擁有驚人的創富才能，累積了數百萬美元的身家。我相信他有一天會現身，所以我信心滿滿地如此告訴我的祕書和助理。果然不出我所料，某個美好早晨，一群福特汽車工程師出現在我的辦公室，表示要和我討論一項重要計畫。

「我不是跟你們說了嗎？」我得意洋洋地向我的員工們炫耀，其中一個員工說：「特斯拉先生，你實在是太厲害了，你果然料事如神。」這群頭腦冷靜的人一坐定，我理所當然地即刻開始向他們吹捧我的渦輪機有多好多棒，他們的一位代表打斷我，說：「你說的我們都知道，但我們是為了一個特別任務前來，我們組織了一個心理學會，專門研究心靈現象，我們希望能夠邀請你加入。」我猜，這些工程師永遠都不會知道，他們差一點就要被我轟出我的辦公室。

我們這個時代一些最偉大的人物，這些已名列青史的不朽科學巨擘曾告訴我，我擁有超凡心智。自此之後，我便不計任何代價全心致力於思索解決人類最重大的問題。有許多年，我埋首於解開死亡之謎，熱中於仔細留意每一種靈性徵兆，但是我一生中只有一次相關經驗，曾有那麼片刻我以為自己經歷了超自然現象。事情發生於我母親去世期間，巨大的悲傷和長時間處於警醒不睡狀態，我整個人猶如槁木死灰。某晚，我被帶到離我們家兩個街區遠的建築物內，當我無助地躺在那裡，我心裡想著如果我母親死了，而我又不在她身邊，她一定會給我一個徵兆。約在兩、三個月前，我人在倫敦，作陪的是已故的摯友威廉・克魯克爵士（Sir William Crookes），我們的話題圍繞在唯靈論（spiritualism），我滿腦子充斥著這些思想。我當時對其他人不太關注，卻特別容易受克魯克爵士的論點所影響，因為我在學生時代讀了他在輻射物質的劃時代研究後，決定以電學為職志。經過一番深思熟慮後，我認為此時此刻正是一探超自然現象的最佳時機，因為我的母親是女性又是天才，更有超凡的直覺力。

那個晚上，我的每一條腦神經都高度緊繃，引頸期盼著會看見些什麼，但是什麼事都沒有發生，直到黎明時分當我進入夢鄉，也或許是昏了過去，我看到像是天使的一群人駕著雲，其中一個天使溫柔地凝視著我，漸漸地我看清楚了那是我母親。這幅景象緩緩穿過整個房間，然後消失不見，我被難以言喻的美妙天籟合唱聲喚醒。就在那一瞬間，不知道為什麼，我就是確信母親剛剛過世，事實證明我的預感千真萬確。我想不透我為什麼會有這種帶給自己如此巨大痛苦的預知能力，儘管我仍深陷在這次經歷的衝擊中，健康狀況也很糟，我還是寫了一封信給克魯克爵士尋求解惑。

恢復健康後，我花了很長一段時間探索這次奇異夢境的外在原因。幸好，經過好幾個月徒勞的尋求後，我終於成功了，這讓我大大鬆了一口氣。原來在此之前，我曾經看過一位著名藝術家的畫作，他以一群天使駕著雲彩的寓意形式來表現四季中的一季，他們看起來就像是真的飄浮在空中，這幅畫讓我印象深刻。除了媽媽，畫中的景象與我的夢境簡直如出一轍。至於夢中出現的音樂，則來自附近教堂唱詩班在復活節做晨間彌撒時所唱的讚美詩，就這樣，夢中的一切都有了令人滿意的科學解釋。

這已經是很久以前的事了，從此之後，我對於所謂的心靈及靈性現象不再存有一絲幻想，因為它們根本站不住腳。人們之所以會相信超自然現象，是智能發展的自然結果。正統的宗教教義不再被接受，但是每一個人都堅信某種超自然力量。我們全都需要一個理想典範來引領我們的言行舉止，好讓我們都能活出一個心滿意足的人生，但不管那是一種宗教教義、藝術、科學或其他任何東西，只要它能實現一種非物質力量的功能就好。我認為有一個共同觀念應該被推廣，因為它攸關全人類能否過上一個和平安寧的生活。雖然我還沒有找到任何證據來支持心理學家和唯心論者的主張，但我很滿意我證明了生命是一種無意識的自動行為，除了透過持續觀察我自己的行為，更多是透過某種普遍現象而歸納得出的決定性結論。這絕對是一項新發現，我認為發現這項真理是人類社會最偉大的時刻，我會在後文對此現象做簡短的描述。

我第一次對這個驚人事實有模糊的認知，是在我還很年輕的時候，但是有許多年我把我注意到的現象，解釋成那不過是巧合罷了。換言之，不論是我自己或是我所愛的人，抑或是我全心投入的目標，被其他人以一種公認為最不可思議的卑劣手段所傷害時，我就會被一種奇特的、難以言喻的痛苦所啃噬，我找不到適當的字眼來形容，姑且稱之為一種「無邊無際」（cosmic）的痛苦，沒多久，所有加害於我的人無一不自食惡果。飽嘗了這種經歷所帶來的諸多痛苦後，我向許多朋友吐露我的觀點，讓他們有機會可以充分釐清我逐漸成形的理論的真實性，我簡單描述該理論如下：

我們擁有相似的身體構造，並暴露在相同的外部影響下。因此，我們有相似的反應和共通的普遍性活動，這些構成了社會等規範和法律的基礎。我們都是機器人，完全被中介力量所控制，我們就像是被拋在水面上的軟木塞隨水漂流，卻把受到外界刺激而出現的行為後果，誤解為是自由意志所致。我們展開的所有移動與其他活動，永遠都是為了保護自己，儘管我們彼此之間看似沒有任何依存關係，其實我們被一條無形的鎖鏈連結在一起。所以，只要有機體保持正常運作，它就能正確回應刺激它的作用物，但當個體出現失控的脫序行為，它的自我保護能力就會受到損害。每一個人當然都知道，如果一個人耳聾了，視力變差，或是手腳受傷，他繼續存活的機率也變小了。而這也是千真萬確的，甚至後果更為嚴重，就是某些腦部缺陷多少會剝奪這個機器人的重要能力，導致它快速走向毀滅。一個非常敏銳機警的人，因為具有高度發展的完整機能，而能根據環境條件的改變精確行動，他擁有一種非凡的自動感知力，使他可以避開不易直接察覺到的隱晦危險。當他與控制器官有嚴重缺陷的人接觸，他的自動感知力會發揮作用，而感受到那種「無邊無際」的巨大痛苦。已有數百個案例證實了這個事實，我也邀請了其他自然科學學者共同致力於探索這個主題，我相信透過科學同儕有系統、有組織的共同努力，將會獲致對世界具有無價貢獻的非凡成果。

自動遙控的藝術

我很早就有建構一個自動裝置並將此理論付諸實行的想法，但直到一八九三年我開始研究無線系統期間，我才開始積極行動。在接下來的兩、三年裡，我打造了許多遙控自動機械裝置，並在我的實驗室向訪客展示。一八九六年，我設計了一個完整的多功能機器，直到一八九七年末才正式大功告成。一九〇〇年六月號的《世紀雜誌》刊登了我附圖說明這部機器的文章，也獲得其他期刊轉載，它在一八九八年首度公開亮相時所造成的轟動，是我其他發明難以望其項背的。一八九八年十一月，我取得了這個嶄新發明的一項基本專利，但費了一番周折，由於我申請的專利項目實在是太不可思議了，所以直到官方審查長特地親赴紐約一探究竟之後，這項專利才確立下來。我記得，我後來前往華盛頓拜訪一位官員，希望能把這項發明獻給政府，但是當我一開口向他說明我的發明，他不禁爆笑出來。那時候，沒有一個人認為開發完善這樣一部機器有任何前景可言。

遺憾的是，在申請該專利時，我遵照律師團的建議，指出我的自動機器是透過一個單一電路和一個家喻戶曉的偵測器來控制，以致我錯失了這項技術和裝置的個人專利保護。

事實上，我的設計是藉由多電路的共同作用來控制我的無線電遙控船，也消除掉了各種干擾。我最常採用迴路式接收電路，還包含了電容器，因為我的高壓發射機的放電會電離展覽館的空氣，連非常小的天線都可以從周圍空氣吸取電力達好幾小時（空氣一般不會導電，但電離後的空氣中會產生帶負電的電子和帶正電的正離子，空氣中就有了自由移動的電荷，空氣就可以導電了）。

為了讓大家對此有更清楚的了解，我舉一個例子來說明，一個直徑一・二公分即將報廢的微亮燈泡，它有一個接線端與一小條電線相連，我發現它能連續發出一千次閃光，才中和掉實驗室裡電離空氣中的電荷，迴路式接收器對於這種干擾不會很敏感。我還注意到一個奇怪現象，這種接收器最近很熱門，就收集能量而言，這種裝置比起天線或是長接地線都要差，但恰好能克服現有無線設備的許多固有缺點。在示範操作這部機器的現場，我請來賓們可以提問任何相關問題，這部自動裝置會發出訊號回答他們。這在當時被認為很神奇，其實道理很簡單，因為就是我本人透過機器在回答提問。

同一時期，一艘更大型的無線電遙控船被造出來了，它的照片刊登在本期的《電氣實驗者》（一九一九年十月號），它由安裝於船身中的多線圈迴路來控制，船身全面防水可以下潛至水下。這艘船只比第一艘多了些特色，其餘並無二致，比如它採用了白熾燈，這項新特色無異具體證明了這部機器船可以正常運作。

這些自動裝置一直是在操作員的視野範圍內來操控，但就我的構想而言，這只是遙控力學藝術演進過程中的第一步，而且是非常粗糙的起步。邏輯上，接下來的發展方向是朝可視範圍之外，即遠離控制中心來改良這項發明，從此之後，我便主張它們可以充作戰爭武器來取代槍枝。如果我從媒體草率的評論來判斷，儘管它們宣稱我的發明驚人卻了無新意，但這項應用的重要性似乎得到了認可。

雖然還不完美，但是利用現有的無線設施，就可以遙控一架飛機循著一個粗略的

特斯拉1898年製造並公開展示的無線電搖控船（潛水艇）。

My Inventions

By Nikola Tesla

VI. THE ART OF TELAUTOMATICS

IN this article, Dr. Tesla dwells on the future possibilities of his magnifying transmitter, especially in connection with the art of Telautomatics, which was first conceived by him and doubtless constitutes one of his most brilliant gifts to the world.

Tesla was the first to build and successfully operate Automata in the form of boats steered and otherwise controlled by tuned wireless circuits and agents ensuring reliable action despite of all attempts to interfere.

But this was only the first step in the evolution of his invention. What he wanted, was to produce machines capable of acting as though possessed of intelligence. It will be readily perceived that if Dr. Tesla has practically realized his conception, the world will witness a revolution in every field of endeavor. In particular will his inventions affect the art of warfare and the peace of the world.

Dr. Tesla dwells eloquently on a number of topics agitating the public mind, and this article of his is perhaps the most brilliant and absorbing he has written.

How Tesla's Mind Recuperates.

NO subject to which I have ever devoted myself has called for such concentration of mind and strained to so dangerous a degree the finest fibers of my brain as the system of which the Magnifying Transmitter is the foundation. I put all the intensity and vigor of youth in the development of the rotating field discoveries, but those early labors were of a different character. Although strenuous in the extreme, they did not involve that keen and exhausting discernment which had to be exercised in attacking the many puzzling problems of the wireless. Despite my rare physical endurance at that period the abused nerves finally rebelled and I suffered a complete collapse, just as the consummation of the long and difficult task was almost in sight. Without doubt I would have paid a greater penalty later, and very likely my career would have been prematurely terminated, had not providence equipt me with a safety device, which has seemed to improve with advancing years and unfailingly comes into play when my forces are at an end. So long as it operates I am safe from danger, due to overwork, which threatens other inventors and, incidentally, I need no vacations which are indispensable to most people. When I am all but used up I simply do as the darkies, who "naturally fall asleep while white folks worry." To venture a theory out of my sphere—the body probably accumulates little by little a definite quantity of some toxic agent and I sink into a nearly lethargic state which lasts half an hour to the minute. Upon awakening I have the sensation as though the events immediately preceding had occurred very long ago, and if I attempt to continue the interrupted train of thought I feel a veritable mental nausea. Involuntarily I then turn to other work and am surprised at the freshness of the mind and ease with which I overcome obstacles that had baffled me before. After weeks or months my passion for the temporarily abandoned invention returns and I invariably find answers to all the vexing questions with scarcely any effort. In this connection I will tell of an extraor- nary experience which may be of interest to students of psycholo I had produced a striking phenomenon with my grounded tra mitter and was endeavoring to ascertain its true significance relation to the currents propagated through the earth. It seem a hopeless undertaking, and for more than a year I worked un mittingly, but in vain. This profound study so entirely absorb me that I became forgetful of everything else, even of my unde mined health. At last, as I was at the point of breaking dow nature applied the preservative inducing lethal sleep. Regaini my senses, I re ized with constern tion that I was u able to visuali scenes from my li except those of i fancy, the very fi ones that had e tered, my consciou ness. Curious enough, these a peared before m vision with startli distinctness and a forded me welco relief. Night aft night, when retiring, I would think of them and more and mo of my previous existence was revealed. The image of my moth was always the principal figure in the spectacle that slowly u folded, and a consuming desire to see her again gradually to possession of me. This feeling grew so strong that I resolved drop all work and satisfy my longing. But I found it too ha to break away from the laboratory, and several months elaps during which I had succeeded in reviving all the impressions my past life up to the spring of 1892. In the next picture th came out of the mist of oblivion, I saw myself at the *Hotel de Paix* in Paris just coming to from one of my peculiar sleepi spells, which had been caused by prolonged exertion of the bra Imagine the pa and distress I f when it flash upon my mind th a dispatch w handed to me that very mome bearing the s news that m mother was dyin I remembered ho I made the lo journey home wit out an hour of re and how she pass away after wee of agony! It w especially remar able that during a this period of pa tially obliterat memory I was ful

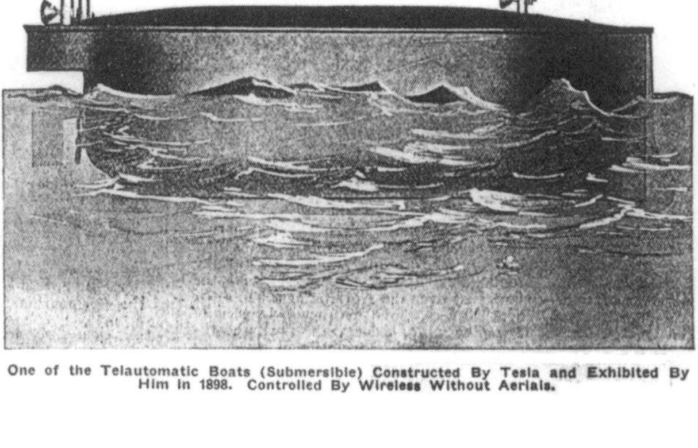

One of the Telautomatic Boats (Submersible) Constructed By Tesla and Exhibited By Him in 1898. Controlled By Wireless Without Aerials.

飛行航路飛行，還能在數百英里之外執行一些功能。這種機械控制的機器還可以應用在幾方面，如果證實它在戰爭中大有用途，我一點都不會驚訝，因為這樣的結果是無庸置疑的。據我所知，現有技術還無法精密製造出這種機器，我花了許多年時間埋首鑽研這項發明，已發展出若干方法可以輕易製造出這種機器，與其他令人大開眼界的相關重要應用。

我在前文提及過，我在大學期間構思了一種飛行器，它的樣貌迥異於現今的飛機，它的基本設計原理沒有問題，卻因為缺少強勁的發動機而無法打造出來。近年，我已經成功解決了這個問題，我目前正在構思一種新型飛行器，它們不需要機翼、副翼、推進器和其他外部附件，如此一來，飛行器可以飛得更快，而且極可能會在很快的未來就其和平用途掀起激烈論戰。這種機器純粹是靠反作用力得以持續飛行和推進，可以透過機械方式或無線能源來控制。只要建置合宜的設施，發射這類導彈進入太空指日可待，而且幾乎能精準命中目標，目標很可能遠在數千英里外。不過，我們不會以停留在這裡為滿足，自動遙控裝置終會被製造出來，這種猶如擁有智能的機器

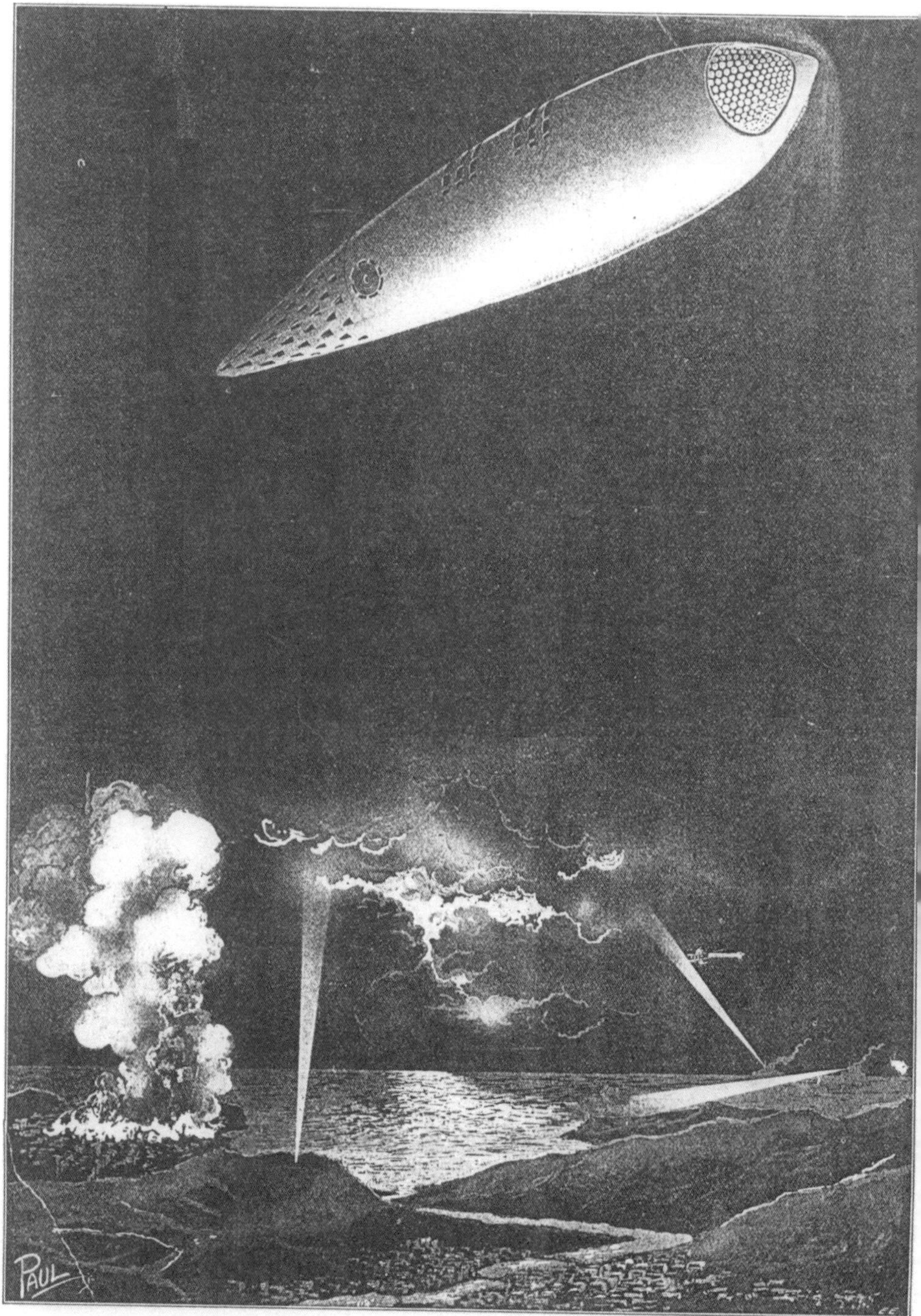

Tesla's New Self-Propelled Aerial Tel-Automaton. Devoid of Propeller, Sustaining Wings and All Other Means of External Control. Can Attain a Speed of 350 Miles Per Hour, and Will Reach a Predetermined Point a Thousand Miles Away Accurately Within a Few Feet.

的出現將會帶來重大革命。早在一八九八年，我就向一家大型製造商的代表們提出了一項計畫，我建議他們可以打造和展示一種自動車，這種車子可以執行諸多自我判斷的功能。但是，我的提案在當時被視為只是天馬行空的奇想罷了，因此這場會面沒有任何具體結果。

今天，許多當代頂尖卓越之士正竭力謀求權宜之計，以阻止類似一次世界大戰的可怕衝突（只是理論上結束了）再次發生，我在一九一四年十二月二十日發表於《太陽報》（*Sun*）的一篇文章裡，便正確預測了這場戰爭的持續時間與其產生的主要問題。根據許多才能之士的看法，組織國家同盟的提議不僅無助解決問題，反而會帶來反效果。尤其令人遺憾的是，一項懲罰性政策被列入和平條款中，因為幾年後，國家之間無需軍隊、軍艦槍砲，就能採用威力更為強大的可怕武器，執行無遠弗屆的毀滅性軍事行動。無論一個城市距離敵人有多遠都能夠被摧毀，而且放眼全球沒有任何勢力或力量可以阻止這種毀滅行動。

如果我們希望能夠避免這個迫在眉睫的重大災難發生，不讓我們生存的地球淪為地獄，那麼傾國家之力與所有資源，即刻全力推動飛行器和無線能量傳輸的發展，便成了刻不容緩的當務之急。

特斯拉年表

一九五五年十月二十日，位於塞爾維亞首都貝爾格勒的尼古拉・特斯拉博物館（Nikola Tesla Museum）正式對外開放，館內收藏眾多特斯拉的珍貴文件、書籍、照片、實物，以及根據特斯拉所繪之圖準確建造的模型，用以紀念並展示發明家、電機工程師特斯拉一生的文物及事蹟。

到了二〇〇三年，鑑於特斯拉及其發明具有舉世意義，聯合國教科文組織將博物館收藏之檔案做為人類文獻遺產的一部分，列入世界記憶名錄（Memory of the World Register）中，這是保護文化資產的最高形式，亦是對特斯拉致上的最高敬意。

以下的特斯拉年表以及之後的專利說明，主要是參考整理自尼古拉・特斯拉博物館之資料，便於讀者檢索對照。

出生	一八五六年七月十日	生於斯米連村。特斯拉誕生於塞爾維亞的東正教家庭中，父親密魯汀・特斯拉（Milutin Tesla）是一名東正教牧師，母親為喬吉娜・杜卡・特斯拉（Georgina Đuka Tesla）。當時，斯米連村靠近戈斯皮奇鎮（今隸屬克羅埃西亞），地處邊界軍事區（一般指利卡軍事邊界區），該區是法蘭茲・約瑟夫一世皇帝統治下哈布斯堡君主國的一個特別區。
7歲	一八六二年	就讀斯米連村小學一年級。
8歲	一八六三年	全家搬到戈斯皮奇鎮。
10歲	一八六五年	在戈斯皮奇鎮完成四年小學課程後，以優等生身分畢業，其名字被收錄於學校傑出學生名錄。十歲進入一所初等技術學校。
15歲	一八七〇年	上卡爾洛瓦茨的拉科瓦茨中等技術學校（Rakovac senior secondary technical school），這是一所聲譽良好的學校，學生在此為進入更高技術學府作準備。
18歲	一八七三年	從拉科瓦茨中等技術學校畢業。

19歲	一八七四年	感染瘧疾。儘管父親要求特斯拉畢業後暫時不要回到戈斯皮奇老家，因為當地霍亂疫情正在蔓延，但他仍因立即返鄉而感染嚴重霍亂，整整躺在床上九個月無法下床。
20~22歲	一八七五~一八七七年	在奧地利格拉茲修習技術科學。格拉茲的喬安內姆理工學院（Joanneum Polytechnic School）是奧匈帝國時期專門培養工程師的四所學校之一。
23歲	一八七八年	諾維薩德（Novi Sad）的馬蒂察・斯爾普斯卡（Matica Srpska）機構拒絕特斯拉的獎學金申請。 位於諾維薩德的馬蒂察・斯爾普斯卡是塞爾維亞最古老、聲譽崇隆的文化、文學及科學機構，特斯拉曾於一八七六年十月十四日第一次向該機構申請獎學金時遭拒。一八七八年，他二度向「著名的馬蒂察・斯爾普斯卡」申請獎學金，以完成他在維也納或布拉格的大學工程學業，卻再次遭拒。但是，顯然他並未將此視為羞辱，在成為全球最著名

			的科學家後，特斯拉於一九〇二年成為該機構的委員。
24歲		一八七八～一八七九年	於馬里博爾市（Maribor）首次受雇當地一家科技公司。由於沒有足夠的財力證明得以居留當地，他於一八七九年三月八日遭市府驅逐出境，在警察的護送下回到戈斯皮奇。
25歲		一八八〇年	於布拉格查理大學（Charles University）修讀自然哲學。
26歲	人生第一項發明：電話放大器	一八八一年	於布達佩斯市（Budapest）擔任工程師。多虧家族友人費蘭奇・普斯卡茲的協助，他和他兄弟提瓦達（Tivadar Puskás）在布達佩斯成立了當地第一家電話公司，特斯拉受雇擔任中央電話局「總工程師」，並在這裡創建他第一項發明——電話放大器。
27歲	發明旋轉磁場	一八八二年	＊二月，特斯拉與友人安東・西蓋提（Anton Szigety）在布達佩斯市立公園散步時，看著落日西沉邊朗讀歌德《浮士德》之際，發現了利用交流電產生旋轉磁場的原理。

	28歲	29歲	30歲
	在史特拉斯堡發明全世界第一部感應馬達		人生第一項專利「弧光燈」
	一八八三年	一八八四年	一八八五年
*受雇於巴黎的愛迪生歐陸公司。年底在提瓦達・普斯卡茲先生的推薦下，特斯拉出任愛迪生公司駐歐總代表，開始在德、法等地出差，修復愛迪生公司的機器。	特斯拉被公司派去史特拉斯堡修復一部故障的直流電裝置，根據他當時日記所記載，他的修復任務從一八八三年十月十四日起，一直到一八八四年二月二十四日，終於才大功告成。	當特斯拉明瞭歐洲無人理解和資助他的革命性發明後，他接受了愛迪生一位親近的助理兼駐歐代表查爾斯・巴奇勒的提議，去紐約愛迪生總公司工作。六月，他帶著巴奇勒的一封短箋去見愛迪生，上面寫著：「我認識兩個厲害非凡的人，你是其中一個；另一個就是他了。」	一月，特斯拉在紐約成立了特斯拉電燈製造公司（Tesla Electric Light and Manufacturing Company），這是他的第一家公司。

32歲	33歲	34歲	35歲
	美國專利商標局通過其「發電、輸電和供電」用感應馬達和系統的專利申請		
一八八七年	一八八八年	一八八九年	一八九〇年
成立特斯拉電氣公司，旨在應用他的多相交流電發明生產相關機器。特斯拉在新實驗室製造了第一部多相感應馬達和發電機。	多相系統基本專利有：「電磁馬達」專利號381.968、「電力傳輸」專利號382.280、「供電系統」專利號381.970，此外還有其他四項專利，全部在五月一日核准通過。（一八八八年至一八九一年間，他取得了三十六項專利，打造出通稱為「特斯拉多相系統」的各項發明，為第二次工業革命奠定基礎。）	赴歐並探訪出生地。赴美後，特斯拉第一次回到歐洲參加巴黎世界博覽會，並回老家戈斯皮奇探望母親和妹妹。	開始實驗高頻電流。一直到十九世紀結束的十年間，高頻電流這個交流電新領域成為特斯拉的研究重心。

36歲

發明共振變壓器、特斯拉線圈取得專利

一八九一年

＊六月二十三日，特拉斯的一項新發明取得專利號454.622——即今日舉世聞名的「特斯拉線圈」。

＊七月三十日被授予美國公民身分。

37歲

一八九二年

＊二月三日，特斯拉在英國倫敦皇家科學院發表了一場名為「高壓和高頻率交流電實驗」的演講，出席者都是當代最重要的科學泰斗，包括威廉・克魯克、詹姆士・杜瓦、約瑟夫・湯姆生（J. J. Thomson）等許多人。

＊緊接著，於二月十九日為在法國物理學會（Société Française de Physique）和國際電機工程師協會（International Association of Electrical Engineers）成員再一次發表同名演講。

＊旅歐期間得知母親病危，四月十五日回到戈斯皮奇，趕上與摯愛的母親道別。

＊六月二日，首度也是唯一一次訪問貝爾格勒。應貝爾格勒市暨工程師協會一位代表

		之邀前往貝爾格勒，這位代表曾於布達佩斯造訪過特斯拉。他在貝爾格勒度過了三十一個小時，下榻於帝國飯店，參觀了卡萊梅格丹（Kalemegdan）與國立博物館，並在大學發表了一場演講談論他近期的研究和發現。國王亞歷山大一世（Aleksandar I Obrenovic）接見特斯拉，並頒予最高榮譽——聖薩瓦勳章（Order of St. Sava）。這是他首度因為傑出科學表現而獲頒勳章。
38歲	一八九三年	在芝加哥世界博覽會獲得巨大成功。芝加哥世界博覽會是為了紀念哥倫布發現美洲大陸四百週年而舉辦。世博會場館在特斯拉的十二部二相發電機的協助下全部被點亮，每一部發電機可以產生每秒六十赫茲一千馬力的電流。
39歲	一八九四年	當選塞爾維亞皇家學院準會員。這是最早對特斯拉傑出的科學與發明成就的重要認可之一，但直到一九三七年二月十六日，該學院才全體一致通過特斯拉成為該院真正會員。

40歲	41歲	42歲
	全球第一座以特斯拉的專利技術建造的水力發電廠正式啟動	奠定無線科技基礎
一八九五年	一八九六年	一八九七年
三月十四日，第五大道三十五號特斯拉實驗室發生大火。這把火燒毀了他所有的機器原型、數百盞他自己原創設計的燈泡，還有書籍、信和珍貴的技術文獻。	全球第一座交流電水力發電廠於十一月十五日至十六日間跨夜在尼加拉河（尼加拉瀑布源頭）正式啟動運轉。第一批數千瓦電力從尼加拉輸送至水牛城，全長約四十公里。建造這座發電廠總計採用了十二項專利技術，其中九項來自特斯拉的發明。	特斯拉新建了一座大型無線電站，用以傳輸無線電訊號，涵蓋範圍達四十公里。他申請了兩個關鍵無線電應用專利：「電能傳輸」專利號645.576，描述一種包含了四個共振線圈的系統，線圈皆調諧到相同頻率；以及一個用來傳送和接收天線訊號的系統：「電能傳輸裝置」專利號649.621，則用以描述無線裝置。

年齡	標題	年份	內容
43歲	示範操作遙控自動船	一八九八年	特斯拉在紐約麥迪遜花園廣場首次展出其電子遠程自動裝置，利用無線電波遙控一艘模型船，示範操作這個著名實驗。他於七月七日提交申請名為「遙控一或多個交通工具機制的方法與裝置」的專利，美國專利商標局於十一月八日核准，專利號613.809。他深知這項專利的重要性，總計在十一個國家申請專利保護。
44歲		一八九九年	科羅拉多泉市的實驗。特斯拉於五月十八日來到科羅拉多泉市，如他所言，打算「建造一個大功率高頻發電機，和完善傳輸電能的個別化與相互絕緣技術，以及確立電流通過地表和大氣的定律」。從他在一八九九年六月一日到一九〇〇年一月七日間的研究筆記來看，裡面包含了各種實測值和計算、許多圖解、對每一天實驗的評價，以及重新配置儀器、裝置和設施的連結等等。
45歲		一九〇〇年	特斯拉在羅伯特・約翰遜（Robert Underwood Johnson）這位傑出朋友所主編的《世紀雜

	46歲～47歲	48歲～51歲
		取得「經由自然介質傳輸電能的藝術」專利
	一九〇一～一九〇二年	一九〇三～一九〇六年
誌》上，發表了〈增進人類能源的問題〉一文，引起大眾廣泛的注意，該篇文章針對能源問題提出許多科學的構想，攸關人類文明的發展。	在長島建立無線電能傳輸塔實驗室。一九〇一年，特斯拉開始建造實驗室和傳輸塔，用以實現其無線傳輸世界系統（World System of Wireless Transmission），由著名的美國建築師史丹佛・懷特（Stanford White）設計，完成於一九〇二年，不過傳輸塔只完成部分，它的原始設計永遠無法實現。根據特斯拉的計畫，透過地球這個導體，傳輸塔發射的無線訊號無遠弗屆，地球各處皆能接收到。	＊世界系統計畫功敗垂成。這項計畫的資助者，商業鉅子摩根拒絕再繼續挹資。特斯拉寫了許多封信希望能說服他繼續金援這項計畫，但沒有成功。最後，他在一九〇六年離開長島，轉向機械工程領域繼續他的後續研究和發明。

年齡	年份	事件	說明
			＊一九〇五年四月十八日取得「經由自然介質傳輸電能的藝術」專利號787.412。特斯拉於一九〇〇年五月十六日就提出了申請，他在聲明中提出駐波（Standing Waves）的概念，這種波的波長從二十五到七十公里不等，他的研究結論是，這種波可向四面八方傳播穿行全球。特斯拉的目的是要證實自己的地球共振構想，他研究得出的地球共振頻率分別是六、十八和三十赫茲。
52歲	一九〇七年	打造出第一部無葉片渦輪機實作模型	在機械工程領域裡，特斯拉發現了流體推進的原理，而將其應用在幫浦、渦輪、壓縮機和風扇上。他在一八九〇年就建構出這項發現，一九〇二年初加以系統化闡述，一九〇六年六月一日首度向科學界發表，一九〇七年間付諸製造。
53歲	一九〇八年		開始與美、英製造業者合作。他與橋港企業（Bridgeport company）負責人約翰・哈德利（John H. Hadley）簽約打造船用推進器。他在這方面的研發製造持續到一九一一年。

54歲		一九〇九年	成立特斯拉動力公司。這家新公司座落於紐約百老匯街一六五號，旨在開發製造特斯拉的機械工程發明。
58歲	申請噴水池專利	一九一三年	他與著名的紐約藝術家暨設計師路易士・蒂芙尼（Louis Tiffany）合作，開始為蒂芙尼珠寶內部裝潢設計噴水池。他於十月二十八日申請專利，在接下來幾年，他致力於設計和建構數個不同的噴水池模型，但未取得商業上的成功。
59歲		一九一四年	新辦公室啟用。特斯拉在伍爾沃斯大廈成立了新的事業基地，這棟大樓是當時全世界最高的建築物，座落於百老匯街二三三號。但是因為沒有錢付房租，他在幾個月後就被迫離開。
60歲		一九一五年	發表第一篇自傳性文章。這篇發表於六月五日出刊的《科學美國人》文章：〈個人回憶拾掇〉，是特斯拉首度談論自己的人生和發明，特別是他在一八九二年於布達佩斯悟出旋轉磁場的驚人發現。

June 5, 1915 SCIENTIFIC AMERICAN 537

Some Personal Recollections

An Autobiographical Sketch

By Nikola Tesla

I AM glad to be accorded this opportunity for two reasons. In the first place I have long since desired to express my great appreciation of the SCIENTIFIC AMERICAN and to acknowledge my indebtedness for the timely and useful information which its columns are pouring out in a steady stream. It is a publication remarkable for the high quality of special articles as well as for the accurate review of technical advances. The knowledge it conveys is always reliable and rendered still more valuable through the scrupulous observance of literary courtesy in the quotation of the sources. The services it has rendered in helping invention and spreading enlightenment are inestimable. The SCIENTIFIC AMERICAN is a periodical ably and conscientiously conducted, measured and dignified in tone to the point of serving as a model, and in these features, as much as in the wealth and excellence of its contributions, it reflects great credit, not only on its staff and publishers, but on the whole country. This is not an idle compliment, but a genuine and well-deserved tribute to which I add my best wishes for continued success on this memorable occasion.

The second reason is one that concerns me personally. Many erroneous statements have appeared in print relative to my discovery of the rotating magnetic field and invention of the induction motor which I was compelled to pass in silence. Great interests have waged a long and bitter contest for my patent rights; commercial animosities and professional jealousies were aroused, and I was made to suffer in more than one way. But despite of all pressure and efforts of ingenious lawyers and experts, the rulings of the courts were in support of my claims for priority in every instance without exception. The battles have been fought and forgotten, the thirty or forty patents granted to me on the alternating system have expired, I have been released of burdensome obligations and am free to speak.

Every experience which I have lived through bearing on that early discovery is vividly present in my memory. I see the faces of the persons, the scenes and objects of my attention, with a sharpness and distinction and in a fullness of light which is astonishing, and is a measure of the intensity and depth of the original impressions. I have always been fortunate in ideas, but no other invention, however great, could be as dear to me as that first one. This will be understood if I dwell briefly on the circumstances surrounding it and some of the phases and incidents of my young life.

From my childhood I had been intended for the clergy. This prospect hung like a dark cloud on my mind. After passing eleven years at a public school and a higher institution, I obtained my certificate of maturity and found myself at the critical point of my career. Should I disobey my father, ignore the fondest wishes of my mother, or should I resign myself to fate? The thought oppressed me, and I looked to the future with dread.

Just at that time a terrible epidemic of cholera broke out in my native land. People knew nothing of the character of the disease and the means for sanitation were of the poorest kind. They burned huge piles of odorous shrubbery to purify the air, but drank freely of the infected water and died in crowds like sheep. Contrary to peremptory orders from my father I rushed home and was stricken down. Nine months in bed with scarcely the ability to move seemed to exhaust all my vitality, and I was given up by the physicians. It was an agonizing experience, not so much because of physical suffering as on account of my intense desire to live. On the occasion of one of the fainting spells my father cheered me by a promise to let me study engineering; but it would have remained unfulfilled had it not been for a marvelous cure brought about by an old lady. There was no force of suggestion or mysterious influence about it. Such means would have had no effect whatever on me, for I was a firm believer in natural laws. The remedy was purely medicinal, heroic if not desperate; but it worked and in one year of mountain climbing and forest life I was fit for the most arduous bodily exertion. My father kept his word, and in 1877 I entered the Joanneum in Gratz, Styria, one of the oldest technical institutions of Europe. I proposed to show results which would repay my parents for their bitter disappointment due to my change of vocation. It was not a passing determination of a light-hearted youth; it was iron resolve. As some young reader of the SCIENTIFIC AMERICAN might draw profit from my example I will explain.

When I was a boy of seven or eight I read a novel entitled "Abafi"—The Son of Aba—a Servian translation from the Hungarian of Josika, a writer of renown. The lessons it teaches are much like those of "Ben-Hur," and in this respect it might be viewed as anticipatory of the work of Wallace. The possibilities of will-power and self-control appealed tremendously to my vivid imagination, and I began to discipline myself. Had I a sweet cake or a juicy apple which I was dying to eat I would give it to another boy and go through the tortures of Tantalus, pained but satisfied. Had I some difficult task before me which was exhausting I would

Three rotors used with the early Tesla induction motor shown below.

attack it again and again until it was done. So I practised day by day from morning till night. At first it called for a vigorous mental effort directed against disposition and desire, but as years went by the conflict lessened and finally my will and wish became identical. They are so to-day, and in this lies the secret of whatever success I have achieved. These experiences are as intimately linked with my discovery of the rotating magnetic field as if they formed an essential part of it;

One of the earliest of Tesla's induction motors.

Although it weighed only a little over 20 pounds, it developed ¼ horse-power at a speed of 1,800 revolutions, a performance considered remarkable at the time.

but for them I would never have invented the induction motor.

In the first year of my studies at the Joanneum I rose regularly at three o'clock in the morning and worked till eleven at night; no Sundays or holidays excepted. My success was unusual and excited the interest of the professors. Among these was Dr. Allé, who lectured on differential equations and other branches of higher

Nikola Tesla.

mathematics and whose addresses were unforgetable intellectual treats, and Prof. Poeschl, who held the chair of Physics, theoretical and experimental. These men I always remember with a sense of gratitude. Prof. Poeschl was peculiar; it was said of him that he wore the same coat for twenty years. But what he lacked in personal magnetism he made up in the perfection of his exposition. I never saw him miss a word or gesture, and his demonstrations and experiments always went off with clocklike precision. Some time in the winter of 1878 a new apparatus was installed in the lecture room. It was a dynamo with a laminated permanent magnet and a Gramme armature. Prof. Poeschel had wound some wire around the field to show the principle of self-excitation, and provided a battery for running the machine as a motor. As he was illustrating this latter feature there was lively sparking at the commutator and brushes, and I ventured to remark that these devices might be eliminated. He said that it was quite impossible and likened my proposal to a perpetual motion scheme, which amused my fellow students and embarrassed me greatly. For a time I hesitated, impressed by his authority, but my conviction grew stronger and I decided to work out the solution. At that time my resolve meant more to me than the most solemn vow.

I undertook the task with all the fire and boundless confidence of youth. To my mind it was simply a test of will-power. I knew nothing of the technical difficulties. All my remaining term in Gratz was passed in intense but fruitless effort, and I almost convinced myself that the problem was unsolvable. Indeed, I thought, was it possible to transform the steady pull of gravitation into a whirling force? The answer was an emphatic no. And was this not also true of magnetic attraction? The two propositions appeared very much the same.

In 1880 I went to Prague, Bohemia, carrying out my father's wish to complete my school education at a university. The atmosphere of that old and interesting city was favorable to invention. Hungry artists were plentiful and intelligent company could be found everywhere. Here I made the first distinct step in advance, by detaching the commutators from the machines and placing them on distant arbors. Every day I imagined arrangements on this plan without result, but feeling that I was nearing the solution. In the following year there was a sudden change in my views of life. I realized that my parents were making too great sacrifices for me and resolved to relieve them of the burden. The American telephone wave had reached the European continent, and the system was to be installed in Budapest. It appeared an ideal opportunity, and I took the train for that city. By an irony of fate my first employment was as a draughtsman. I hated drawing; it was for me the very worst of annoyances. Fortunately it was not long before I secured the position I sought, that of chief electrician to the telephone company. My duties brought me in contact with a number of young men in whom I became interested. One of these was Mr. Szigety, who was a remarkable specimen of humanity. A big head with an awful lump on one side and a sallow complexion made him distinctly ugly, but from the neck down his body might have served for a statue of Apollo. His strength was phenomenal. At that time I had exhausted myself through hard work and incessant thinking. He impressed me with the necessity of systematic physical development, and I accepted his offer to train me in athletics. We exercised every day and I gained rapidly in strength. My mind also seemed to grow more vigorous and as my thoughts turned to the subject which absorbed me I was surprised at my confidence of success. On one occasion, ever present in my recollection, we were enjoying ourselves in the Varos-liget or City Park. I was reciting poetry, of which I was passionately fond. At that age I knew entire books by heart and could read them from memory word by word. One of these was Faust. It was late in the afternoon, the sun was setting, and I was reminded of the passage:

"Sie rückt und weicht, der Tag ist überlebt,
Dort eilt sie hin und fördert neues Leben,
Oh, dass kein Flügel mich vom Boden hebt
Ihr nach und immer nach zu streben!

* * * * * * *

Ach, zu des Geistes Flügeln wird so leicht
Kein körperlicher Flügel sich gesellen!"

As I spoke the last words, plunged in thought and marveling at the power of the poet, the idea came like

(Concluded on page 576.)

▌發表於《科學美國人》的〈個人回憶拾掇〉。

61歲	一九一六年	出售計速器專利授權。這項專利授權售予波士頓一家沃爾瑟姆錶業公司，該公司是全美最大精密儀器、手錶和計速器製造商之一。根據特拉斯的記錄，該公司賣出了約六萬個計速器，大多配備於大眾交通運輸工具。
62歲	一九一七年	＊開始思考雷達。特斯拉接受《電氣實驗者》雜誌獨家訪問，這篇專訪〈特斯拉談電學與戰爭〉刊登於該雜誌一九一七年八月號，就在美國參戰一次世界大戰後的四個月，特斯拉針對一項後來以雷達著稱的裝置提出了第一個相關技術描述：「此外，特斯拉博士還發明出一種電子束，可以在極遙遠的距離外攻擊，或是偵測水下潛水艇。」 ＊五月十八日，獲頒愛迪生金質獎章。這項獎勵係由美國電機工程師學會創立於一九〇四年。特斯拉於一九一六年十二月十三日獲獎，以表彰他在多相與高頻率電流的發現。正式頒獎儀式於一九一七年五月十八日在美國電機工程師學會舉行。

年齡	事件	年份	說明
63歲		一九一八年	與雅利斯—查默斯公司合作。這家公司是全球最大汽輪機製造商之一，邀請特斯拉一起合作生產、測試他開發的蒸汽——燃氣輪機。在接下來的兩年裡，特斯拉發明二百千瓦和五百千瓦兩種汽輪機機型，因為測試結果不如人意，特斯拉宣布運作狀況不合要求，雙方合作也跟著告終。
64歲	出版傳記《我的發明人生》	一九一九年	特斯拉的這本著名傳記分六次刊載於知名科學雜誌《電氣實驗者》。這本雜誌是他的朋友也是他的忠實粉絲——發明家雨果・根斯巴克（Hugo Gernsback, 1884-1967）所創辦及主編。
66歲~70歲	申請兩項化學技術應用專利	一九二一~一九二五年	＊特斯拉開始與艾德華・貝德（Edward G. Bad）旗下的汽車公司合作。他根據自己的原創構想，提出製造一種全新的自動控制車計畫。 ＊一九二三年六月十五日，特斯拉申請「處理和輸送硫」以及「處理和輸送硫的裝置」的專利，專利號分別為645.568和

645.569。整個專利評估過程十分冗長，不過，兩項專利都於一九二六年六月獲准，附帶專利局所要求的小幅修改。但是，特斯拉在規定的半年期限內繳不出二十美元的稅金，該專利申請自動失效。

73歲

人生最後一項專利

一九二八年

特斯拉在七十二歲時取得人生最後一項專利「空中運輸裝置」，他是第一位構想出可以垂直起降飛行器的人，它結合了直升機和固定翼的功能，並以其渦輪機做為動力引擎。

76歲

一九三一年

慶祝七十五歲生日。特斯拉在七十五歲生日那天，得到七十多位來自當代備受尊崇的科學及科技先鋒、諾貝爾獎得主與重要商業鉅子的祝賀，包含：愛因斯坦、德弗雷斯特（Lee de Forest）等許多人。美國記者肯尼斯・史威奇（Kenneth Swezey）編輯了一本很特別的書，書中收錄了這些人的祝賀語，直到辭世前特斯拉都把這本書珍藏在保險箱。

*一九三四年，撰寫國王亞歷山大一世訃聞。特斯拉在《紐約時報》上刊登了一則

79歲～86歲

一九三四～一九四一年

訃聞，紀念遭殺害的南斯拉夫國王亞歷山大一世。

＊提出遠距地球動力學計畫，特斯拉創造了一個新詞「telegeodynamics」（遠距地球動力學）來描述利用機械方法可穿行全球傳輸能量。他提供自己設計的振盪器以及傳輸和接收裝置給德州、西屋和水牛城等知名公司，穿行全球傳送訊號和訊息，對航海和工業產生各種革命性影響。

＊特斯拉於一九三五年四月二十日和前蘇聯駐紐約貿易代表「蘇美貿易公司」簽約。合約旨在利用一項新武器築起蘇聯堅不可摧的國安城牆，保護蘇聯不受敵人入侵。根據合約，特斯拉要在四個月的期限內，提出一份附有建置圖的詳細計畫，一旦完成能產生五千萬伏特電壓，可以在一百五十公里遠的地方發射出最大秒速至少達五十公里的強大粒子束，摧毀目標（合作維持至一九三八年）。

87歲

	＊一九三六年某天，特斯拉像平日一樣在紐約街道過馬路時，被一輛汽車迎面撞上，身體遭到重創，花了好幾個月時間才康復。受傷讓他無法繼續他素來刻意維持的生活節奏，導致身體愈來愈衰弱。
一九四二年	南斯拉夫國王彼得二世（**King Petar II Karadordevic**）於一九四二年出訪華盛頓會晤美國總統。國王想見特斯拉，於是前往特斯拉紐約的寓所紐約客旅館（**New Yorker Hotel**）會見這位偉大的科學家。這位年輕的國王後來在他的日記中記錄了這次會面，他說特斯拉的話深深打動人心，兩人都不禁潸然淚下。
一九四三年	一月七日，特斯拉在寓所紐約客旅館三十三樓於睡夢中過世，他在此度過人生最後九年。一月十日的追悼會由紐約電臺現場直播，紐約市長拉瓜迪亞（**Fiorello La Guardia**）致悼詞，悼詞由塞爾維亞作家、隨筆作家暨翻譯家亞當尼克（**Louis Adamic**）操刀。

		克羅埃西亞小提琴家巴洛克夫維克（Zlatko Balokovic）與斯洛維尼亞合唱團共同獻唱塞爾維亞愛國歌曲〈那遙遠的地方〉。南斯拉夫皇家資訊中心負責規劃葬禮，特斯拉遺體暫時安放在法蘭克·坎貝爾殯儀館。出殯儀式在南斯拉夫三十位官員所組成的代表團的全力協助下，於一月十二日在聖約翰神聖教堂舉行，之後安葬於芬克里夫墓園。特斯拉逝世後二個半月，應侄子薩瓦·柯薩諾維奇（Sava Kosanovic）的要求，於一九四三年三月二十五日將遺體火化安葬。
尼古拉·特斯拉得到最高認可	一九六〇年	第十一屆國際度量衡大會一九六〇年十月十一日至二十日在巴黎召開，通過一項決議，將磁感應單位的法定度量衡命名為「特斯拉」，成為第十五位躋身全球最偉大科學巨人行列的科學家，與牛頓（力）、法拉第（電容）、伏特（電壓）、赫茲（頻率）、安培（電流）和克耳文（溫度）等齊名，名列科學殿堂永垂不朽。

特斯拉的專利

雖然特斯拉的發明工作開始於一八八〇年代，一八八一至一八八二年間，他任職布達佩斯中央電報局期間，並無任何資訊顯示他有取得任何發明專利。他申請的第一個發明專利是弧光燈，那是他一八八四年三月三十日抵達美國後的事情，亦即他離開愛迪生的公司，成立自己的特斯拉電燈製造公司期間所取得。之後的四十三年，直到一九二八年止，特斯拉採取申請專利來保護自己的許多發明。在美國的第一項專利是專利號334.823，這是一種發電機整流器；最後一項美國專利是一種航空運輸裝置，專利號1.655.114。特斯拉一生取得一百一十二項美國註冊專利，至於他取得的國外專利總數尚未拍板定案。但至今為止，除了美國之外，特斯拉從其他二十六個國家取得的專利合計達一百九十六項。最大宗為法國授予了三十項專利，英國二十九項，比利時二十七項，德國二十一項，義大利十九項，奧地利十五項，其餘國家則授予了一至七項不等。

因此，特斯拉一生至少取得了三百零八項專利，分布在五大洲二十七個不同國家中。無論如何，這些專利中有許多是同一項發明。同一項發明之所以需要不同國家授予專利保護，是因為專利權的行使有地區限制，也就是說，專利權僅在核准專利的國家或地區產生效力。這種讓同一項發明在不同國家取得專利保護所形成的專利組合，稱為「專利家族」（patent family），而這些專利則稱為「對等專利」（equivalent patent）。

把特斯拉取得的專利加以分析比較之後，可以得出如下統計，他的發明取得了一百一十六項基本專利，一百零九項在美國，七項在英國，總計保護了他的一百二十五項發明；剩餘的一百九十二項專利則等同於基本專利。

其中有最多國家授予特斯拉發明的幫浦和渦輪機（美國專利號分別為1.061.142和1.061.206）專利，合計在二十二個國家取得二十三個專利。反之，其中有五十四項美國專利並未在其他國家取得對等專利。特斯拉申請專利次數最多的一年是一八八九年，總計有三十七項申請與多相系統相關。

特斯拉在他紐約的辦公室，其背後是他蒸汽機設備的設計圖，照片攝於1916年。

根據尼古拉・特斯拉博物館館藏的文獻紀錄顯示，他在美國約有三十三項發明不是專利申請失敗，就是已經準備就緒但最終沒有提交。特斯拉有許多重大發明無意申請專利保護，例如醫療用高頻電流。

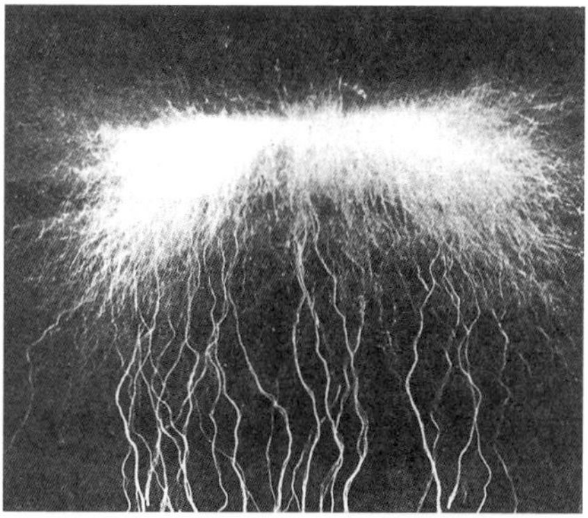